희미한 불빛이 머무는 자리

민아리는 아름다운 세상을 만들겠다는 강한 욕망과 의지를 지닌 연금술사다.
그의 수필은 문학이 진·선·미·의 융합체일 수 있음을 증명한다. － 김우종

희미한 불빛이 머무는 자리

민아리 수필집

수필과비평사

| 작가의 말 |

고요한 응시, 작은 떨림

늘 자신이 없었습니다. 제 글이 누군가의 마음 한 귀퉁이에라도 스며들 수 있을지, 수없이 되묻던 시간이었습니다. 세상에는 찬란한 빛들이 참으로 많습니다. 그 속에서 제가 켜는 불빛은 너무 작고 초라하게 여겨져서 저를 자꾸만 움츠러들게 했습니다. 그런데 화려하지 않더라도 누군가에게 오래 머무는 빛이라면, 그 또한 의미가 있겠다는 조용한 깨달음이 제 안의 침묵을 흔들기 시작했습니다.

어느 날, 불현듯 생텍쥐페리의 《야간 비행》 속 문장이 떠올랐습니다. '식탁 앞에 앉은 외딴집 농부는 호롱불이 그의 누추한 식탁만을 비춘다고 생각할 뿐, 그것이 80킬로미터 떨어진 하늘 위의 사람에게 위안과 감동으로 전해진다는 사실은 알지 못한다.' 제 희미한 빛줄기도 그렇게 누군가의 마음자락에 가닿을 수 있다면 좋겠습니다.

말해지지 않은 것을 오래 응시하면, 언젠가 그것이 말을 걸어올 때가 있습니다. 저는 그 고요한 순간을 기다리며 글을 써왔습니다. 때로는 오래된 기억이기도, 때로는 누군가의 고통이기도, 또

때로는 제 안의 웅얼거림이기도 했습니다. 《희미한 불빛이 머무는 자리》는 그렇게 제 안에 머물던 응시와 떨림을 모은 글들입니다. 문학은 더 작은 숨결로 약한 자의 곁에 있으려는 태도라고 믿어왔습니다. 그래서 이 글들은 화려하거나 단호한 대신, 속삭이듯 다가서는 쪽을 택했습니다. 빛나는 순간보다 오래 머물며 사라지지 않는 것이 더 소중하다는 믿음이 제 글을 지탱해 왔습니다.

 이 책에 담긴 많은 글들은 잊히기 쉬운 사람들, 세상의 눈길이 닿지 않는 자리를 향하고 있습니다. 펜으로 양심을 지키며 가려진 진실의 그늘을 외면하지 않으시는 김우종 교수님의 시선은 제 글의 뿌리가 되었습니다. 고통받는 이의 말없는 외침에 귀 기울이고, 그 곁을 지나는 자는 침묵할 수 없다는 것을 교수님께 배웠습니다. 문학에 무엇을 담아야 하는지를 일깨워 주신 김우종 교수님께, 떨리는 마음으로 이 첫 수필집을 바칩니다.

 모쪼록 보잘것없는 저의 불빛이 상처받은 영혼과 캄캄한 밤길을 지나는 이에게 작은 위로가 되기를 바랍니다. 그리고 훗날, 사랑하는 손주 승우와 시아가 이 이야기들 속에서 할머니의 마음과 만나게 되기를. 그리하여 그 마음 하나쯤은 오래도록 가슴 어딘가에 품고 살아가 주기를 바랍니다.

2025년 초가을
민아리

| 차례 |

작가의 말 · 4

제1부
작은 떨림의 자리에서

속눈썹으로 쓰는 시 · 12
곶감 위에 피는 꽃 · 16
해후 · 21
카레라이스 · 26
어수룩한 아이 · 31
짚가리 뒤의 건빵 · 35
곰배 · 39
호냐만 뽈락히 가믄 안 되는 거여 · 44
머한다꼬 안 들오노 · 48

제2부

흔들리며 피어나는 날들

혹시 그게 아닐지도 몰라 · 54

제자리 · 59

기억되지 않을 선물 · 63

명지휘자를 기다리며 · 68

'갈 수 없는 섬'의 아틀란티시아 · 73

오빠라고 불러 다오 · 77

유리벽 너머의 관람객 · 82

〈마지막 수업〉은 감동적인가 · 85

금아 선생의 소이부답 · 91

제3부
거슬러 흐르는 마음

문학은 누구의 것인가 · 98
대열 밖의 두 영혼 · 104
보이지 않는 얼굴들 · 110
침묵의 윤리 · 115
다이몬의 소리, 그 고요한 명령 · 120
조선선비, 이방의 대지에 조국을 심다 · 125
지워진 이름, 다산의 소실을 위하여 · 131
스승이라는 숙명 · 138
그 누구의 죽음도 나를 줄어들게 하나니 · 143
견뎌낸 문장들, 살아남은 영혼들 · 148

제4부
그 어둠 속의 빛

콘트라베이스 · 154
연민은 어떻게 세상을 구원하는가 · 159
슬픔을 껴안는 소리 · 165
시시포스의 휘파람 · 169
'모두 다 사라진 것은 아닌 달'의 잔향 · 174
풍장風葬 · 177
세발솥 아래 발들의 숙명처럼 · 181
선물 · 186
장미 도둑 · 190
행복한 인질 · 195

제5부
끝내, 다시 피는 것들

그해 여름의 귀향 · 202

후쿠오카의 수선화 · 207

회한 · 211

수박 함지 밑의 목화송이 · 216

깃광목 치마저고리 · 221

구원의 목욕탕 · 226

희미한 불빛이 머무는 자리 · 230

무녀리와 돼지엄마 · 235

그 여름의 새끼줄 · 240

| 작품 세계 | 아름다운 세상을 위한 서정과 참여 – 김우종 · 246

제1부
작은 떨림의 자리에서

속눈썹으로 쓰는 시
곶감 위에 피는 꽃
해후
카레라이스
어수룩한 아이
짚가리 뒤의 건빵
곰배
호냐만 뿔락히 가믄 안 되는 거여
머한다꼬 안 들오노

속눈썹으로 쓰는 시

　며칠 전 다섯 살짜리 손녀가 놀러 왔다. 손녀는 인사를 마치자마자 거울 앞으로 쪼르르 달려가 제 얼굴을 요리조리 들여다보았다. 그러더니 "할머니, 시아는 속눈썹이 길어요." 하며 눈을 살포시 감아 보였다. "정말 길기도 하구나! 공주는 속눈썹이 길다던데, 시아는 진짜 공주네."라며 아이의 기분을 한껏 치켜 주었다. 우리 집에 오기 전 제 외가에서 속눈썹을 칭찬받았던 모양이다. 손녀의 말은 사실이다. 나는 그것을 바라볼 때마다 괜스레 고맙고 흐뭇해서 미래의 손녀 모습을 상상해 보는 즐거움에 잠기곤 한다. 말간 얼굴에 길고 풍성한 속눈썹을 아래로 향한 채 사색에 잠겨 있는 숙녀의 모습은 얼마나 청초할 것인가.
　나는 언젠가 손녀와 손잡고 함박눈이 내리는 거리를 거닐며 손녀의 속눈썹 위에 눈송이가 사뿐히 내려앉는 것을 지켜보고 싶다. 박완서 선생의 소설 〈그 여자네 집〉을 읽어 본 이라면 떠올릴 것이다. '함박눈이 내려앉아서 쉴 만큼 길었다.'라고 묘사된 '곱단이'의 속눈썹을. 어느 날 고1 국어 시간에 학생들이 돌아가며 〈그 여자네 집〉을 낭독하는 동안, 나는 교실을 돌다가 갑자기 한 여학생 옆에 멈춰 섰다. 곱단이의 속눈썹이 바로 거기 있었기 때문이다. 언제나 말이 없고 친구들보다 성숙해 보였던 그녀는 어떤 신비로움 같은 것을 지니고 있었는데, 비로소 그 발원지를 찾아낸 것이다. 버선코처럼 위로 가볍게 치솟은 그녀의 긴 속눈썹, 정말로 함박눈이 머물 수 있을 것 같았다. 나는 그녀가 음대 지망생인 우리 반 남학생과 사귀고 있다는 것을 어렴풋이 알고 있었다. 미래의 음악가에게 그녀는 저 속눈썹으로 말없이 다가가 그의 뮤즈가 되었으리라. 언어 너머의 언어, 그윽하고 고요하여 신비스러움을 품고 있는 여성성의 근원. 그 깊은 곳으로, 감수성 예민한 한 예술가가 그만 속절없이 빠져버린 것이라고 확신하게 된 순간이었다.

   속눈썹이란 여성에게 어떤 의미일까. 몇 해 전 봄, 큰집 조카가 다니던 은행을 그만두고 네일숍을 열었다. 속눈썹 파마와 연장 시술도 겸한다고 해서 응원해 주고 싶은 마음으로 어느 날 조카의 가게에 들렀다. 속눈썹 파마를 위해 시술 침대에 누워 눈을 감고 있는데, 잠시 조용한 숨소리만 흐르더니, 한숨과 함께 조카가 조심스레 입을 열었다. "숙모, … 속눈썹이 너무 짧아서 파마가 … 안 될 것 같아요." 순간 몹시 당혹스러웠다. 어릴 적 너풀거린다며 칭찬받았던 속눈썹이 이제는 시술조차 불가능할 만큼 짧아졌다니. 잊고 있던 여성성의 한 조각을 잃어버린 듯한 허전함이 밀려왔다. 조카 앞인데도 부끄럽고 자존심이 상해 눈을 뜨는 게 망설여졌다. 평생 속눈썹 화장에는 무심했던 나였지만, 그날의 충격과 상실감은 쉽게 가시지 않았다.

속눈썹이란 것이 언제부터 그저 아름다움의 상징을 넘어 외모 경쟁력의 중요한 부분이 되어 버렸을까? 얼마 전 출근 시간대가 막 지난 무렵이었다. 이마 위에 헤어 롤을 매단 젊은 여성이 지하철 문이 열리기가 무섭게 단체 나들이에 나선 노인들을 헤치고 들어와 재빨리 자리 하나를 차지했다. 그녀는 앉자마자 익숙하게 거울과 몇몇 물건들을 핸드백 위에 꺼내놓더니, 속눈썹 화장을 하기 시작했다. 흔들리는 지하철 안인데도 인조 속눈썹을 핀셋으로 집어 제자리에 정확히 붙이고, 뷰러로 끌어올린 후, 마스카라를 하는 일련의 동작이 경이로울 만큼 능란했다. 주위의 시선이 모두 그녀에게 쏠렸다. 하지만 그녀의 표정과 얼굴 근육은 화장에 집중한 나머지 자꾸만 일그러졌고, 그 모습은 바라보기가 영 안쓰럽고 민망했다. 그녀의 팔꿈치는 연신 양옆 노인들의 팔을 건드렸지만, 그녀는 작업에만 몰두하고 있었다. 그녀 앞에는 나 말고도 지하철이 흔들릴 때마다 휘청거리는 두 노인이 서 있었다. 하지만 세상과 단절된 사람처럼 그녀의 시선은 오직 거울에만 머물렀다. 몰라서가 아니라, 모르는 척하는 요즘 젊은 세대의 한 단면을 보는 것 같았다. 이윽고 화장을 마치고 일어난 그녀의 속눈썹은 인형처럼 과장된 모습이었다. 차라리 그냥 두었더라면…. 외모의 세세한 부분까지 신경 쓰지 않을 수 없는 시대, 바쁘게 살아가는 젊은 여성들의 고충을 모르는 바 아니지만, 마음에 남는 착잡함과 쓸쓸함은 어쩔 수 없었다.

  나는 손녀가 자라 곱단이 같은 속눈썹을 지녔으면 한다. 함박눈이 녹아 흘러내려도, 소나기를 만나도 염려가 없는. 그런데 그것보다 먼저, 세상에는 감출 때 오히려 더 빛나는 것들이 있다는 사실을 아이가 배워가길 바란다. 내면의 품격이라는 기초화장이 먼저 갖추어진 후라야 비로소 화장한 얼굴에서 진정한 아름다움이 피어난다는 것도 깊이 깨닫기를 바란다. 그리하여 겉치레보다, 시 한 줄을 품은 속눈썹을 지니기를. 말없이도, 그 고요한 언어로 타인의 마음에 가닿을 수 있기를.

곶감 위에 피는 꽃

잠결에 눈을 떠보니 방문 쪽이 훤했다. 날이 샜나 하여 밖으로 나와 보았다. 어머, 보름달이 뜬 거였네! 닭 한 마리가 대낮인 줄 알고, 안마당을 돌아다녔다. 엄마는 대청문을 활짝 열어 마루 가득 하얀 달빛을 들여놓고서는 곶감을 매만지고 있었다.

엄마 곁에 앉아 들여다본 광주리 안에는 꾸들꾸들했던 감들이 이제 얼추 곶감의 모양새를 갖추고 있었다. 엄마는 가을걷이로 눈코 뜰 새 없이 바쁜 중에도, 곰팡이가 필까 봐 가으내 감광주리를 이리저리 옮겨가며 감을 건사했다. 시드럭시드럭 말라가는 감을 엎어놓고 개켜가며 갓난아기 다루듯 하는 엄마의 표정 속에는, '제사 때 쓸 것이니, 아무도 손대지 마라.'는 무언의 경고가 들어 있었다. 엄마는 감을 하나씩 꼭꼭 눌러 판판하게 만든 후 빙 빙 돌려가며 동그란 모양으로 매만져 놓았다.

그런데 광주리 안을 자세히 들여다보던 내가 놀라서 "엄마, 곰팡이!" 하며 손가락으로 하얀 가루가 묻은 감들을 가리켰다. "곰팡이가 아녀. 곶감 속에 단맛이 꽉 들어차서 하얀 가루가 위로 올라온 거여. 조오기 솜처럼 보이는 게 곰팡이여." 말을 마치자마자 엄마는 제일 작고 못생겼지만, 하얀 가루가 많이 핀 놈을 골라 내게 내밀었다. "진짜미 하나 먹어 봐." 뜻밖의 횡재에 나는 엄마를 힐끗 올려다본 후, 그것을 받아 입에 넣었다. 설탕보다 더 달고, 미루꾸(밀크캐러멜)보다 더 쫀득한 기막힌 맛이었다. 고약한 땡감 맛이 어찌 이리 기특한 맛이 되었을까? 참 신통방통했다.

이튿날 아침, 나는 어젯밤 일을 식구들에게 자랑하려다 그만두었다. 언제나 콩 한 쪽도 나누어 먹는 동생에게 무척 미안했기 때문이다. 반을 남겨줄 걸 그랬나? 엄마가 나 몰래 동생에게도 주었을까? 한동안 마음이 복잡했다. 열한 살 초겨울쯤의 기억이다.

내 동생! 동생은 네 살 때, 아버지(나의 작은아버지)의 손을 잡고 추석을 쇠러 왔다가, 그대로 남겨져 큰엄마를 '엄마'라 부르며, 나와 이란성쌍둥이처럼 함께 자란 사촌동생이다. 당시 작은집엔 두 살 터울의 고만고만한 아들만 다섯이었는데, 동생은 골목에 나가 놀다가 길을 잃기 일쑤였던 듯했다. 막내였던 나는 동생이 오자 신이 나서 어디든 동생의 손을 꼭 붙잡고 다녔다. 응가를 하면 꼭 내가 닦아주며 누나 노릇을 하고 싶어서 안달이었다. 우리는 밤마다 엄마의 양옆에 달라붙어 엄마 젖을 사이좋게 하나씩 움켜쥔 채 잠들었다. 추운 겨울밤 오줌싸개 동생이 요마다 다 적셔 놓으면, 엄마가 식어버린 맨바닥엔 나를 눕히고, 더 어린 동생은 엄마 배 위에 올려놓아 가며 기른 정 때문인지, 동생은 큰엄마를 친엄마로 알고 자랐다.

도시의 유복한 집 넷째 도련님이 어쩌다 시골에 내려와 '촌놈'이 되어버린 것은 동생의 운명이었을까? 어릴 때부터 줄곧 '양계장 주인'을 꿈꾸어 역시 시골뜨기답다는 제 형들의 놀림에도 아랑곳하지 않더니, 축산학 공부를 마치고 자기 집으로 돌아간 후부터 평생 축산 관련 회사에서 일한 것 또한 그의 운명이었을까? 우직하여 잔꾀를 모르고, 선량하여 베풀기 좋아하며, 욕심 없어 자족할 줄 알고, 겸손하여 드러내지 아니하는 동생은 자신의 운명을 어떻게 생각하고 있을까.

내가 그를 사촌동생이 아닌 한 인간으로 바라보게 된 것은 그의 딸 결혼식장에서였다. 그가 신랑·신부에게 덕담을 건네기 위해 단상에 올랐다. 땡감처럼 오동통했던 소년의 얼굴엔 어느새 곶감처럼 주름이 생겨나고, 머리엔 서리가 내려앉고 있었다. 온화한 표정으로 전하는 덕담은 어느 주례사나 축사보다 깊은 울림을 주는 명연설이었다. 거기에는 미사여구나 의례적인 표현 하나 없이 소박하고 진솔한 언어만으로도 사람의 마음을 끌어당기는 어떤 힘이 있었다. 그것은 곧 그의 올곧은 삶 속에서 그대로 길어 올린 것들을 그만의 언어로 담아낸 삶의 지침서이자 철학서였다. 나는 마치 〈큰 바위 얼굴〉의 마지막 장면 속에 들어와 있는 듯한 착각에 빠졌다.

> 어니스트의 말은 자신의 사상과 일치되어 힘이 있었고, 그의 사상은 자기의 일상생활과 조화되어 현실성과 깊이가 있었다. 그의 말은 단순한 음성이 아니라 생명의 부르짖음이었다. 그 속에 착한 행위와 신성한 사랑으로 된 그의 일생이 녹아있었다. (중략) 시인은 참을 수 없는 충동으로 팔을 높이 쳐들고 외쳤다. "보시오! 보시오! 어니스트 씨야말로 저 큰 바위 얼굴과 똑같습니다!"

나도 하객들에게 외치고 싶었다. '저 사람이야말로 일생을 올곧은 신념과 언행이 일치하는 삶을 살아온 사람입니다. 과연 현자의 얼굴을 닮지 않았습니까?'
사람이 말과 사상과 행동이 일치하는 삶을 살아가기란 얼마나 어려운 일인가. 그 문제는 누구에게나 영원한 숙제일 것이다. 특히 글을 쓰는 사람은 자신의 사상과 글과 삶의 불일치에 따른 고뇌가 상대적으로 클 수밖에 없는 사람들이다. 나 또한 그러한 삶을 동경하고 수없이 다짐하면서도, 거기에서 멀리 떨어져 있는 부끄러운 자화상을 지닌 사람일 뿐이다. 그래서 그의 덕담을 들었을 때, 자연스레 큰 바위 얼굴을 닮은 '어니스트'의 모습이 떠올랐던 것이리라.

　사상과 언행이 일치된 삶을 살아가는 사람에게선, 곶감의 거죽을 뚫고 올라오는 하얀 가루처럼, 숨길 수 없는 인품의 향기가 품어져 나온다. 한 광주리 안에서 똑같은 햇볕과 바람을 쐬었건만, 어떤 곶감엔 곰팡이가 피고, 어떤 곶감엔 하얀 가루가 피어난다. 나는 오늘도 같은 품 안에서 모든 것을 공유하며 함께 자랐으면서도, 그와 나 사이에 벌어진 인품의 거리에 대해 묵상하며, 남루한 내 모습을 되돌아본다.

해후

월리사!

뜻밖의 이름이 스치듯 지나갔다. 지난 추석연휴, 고향 청주의 친정산소에서 성묘를 마친 우리 부부는 자동차로 30여 분 거리에 있는 청남대 구경을 가기로 했다. 청남대 가까이 이르러 무심코 창밖을 내다보던 중, 얼핏 '월리사'라 쓴 방향 표지판이 눈에 띄었다. 월리사, 가족들에게 숱하게 들었지만, 내게는 그저 상상 속에만 존재하던 절이었다. 그런데 막상 아버지가 다니셨다는 그 절 이름을 이곳에서 맞닥뜨리자, 가슴속에서 작은 물결이 일렁이기 시작했다. 이따가 돌아가는 길에 꼭 찾아가 보리라.

사실 '아버지'란, 내게는 감정의 결이 닿지 않는, 그냥 무덤덤한 이름이었다. 가족들이 곧잘 나누던 아버지 이야기는, 내겐 옛날

이야기 정도로만 들렸다. 태어난 지 9개월 만에 아버지를 잃었기 때문일까? 아버지와 나는 부녀의 정이나 추억이 있을 리 없어, 아버지에 대해서는 무심에 가까운 마음으로 지내왔다. 부녀지간 치고는 헤어져 있는 시간의 길이만큼이나, 떨어져 있는 거리만큼이나 퍽 소원한 사이였다.

비록 아버지는 안 계셨지만, 나의 유년기는 인생 중 가장 행복하고 평화로운 시절이었다. 그것은 아마도 내가 늦게까지 세상 물정 몰랐던 막내둥이인 데다, 주위로부터 귀여움과 사랑을 듬뿍 받으며 자랐기 때문일 것이다. 근심·걱정이 무언지도 모르며 철부지로 지내던 나도, 소외감이 느껴질 때가 있었다. 오빠와 언니들이 아버지와의 추억담이나, 아버지에게 받은 선물 이야기를 펼쳐 놓을 때였다. 그럴 때면, 아버지와의 추억도, 받은 선물도, 나를 위한 유언 한마디도 갖고 있지 않은 나는, 남의 집 아이처럼 한 구석에서 '그들'이 되어버린 언니·오빠의 이야기를 부러운 마음으로 듣기만 했다. 특히 아버지가 사주셨다는 큰언니의 목도리며, 작은언니의 고깔모자 이야기가 또 다시 나올라치면, 나는 '진짜 주워 온 아이'가 된 것만 같았다.

아버지가 나에 관해 하신 말씀이라곤 내가 태어나자마자, "딸 풍년 들었구나!"라고 탄식하여 어머니를 눈물짓게 했다는 이야기가 전부이다. 급작스러운 병사였지만, 아버지가 마지막 순간에 남기셨다는 "인명은 재천이다!"라는 큰 말씀 대신, "저 어린 것을 두고…."라며, 부정父情 한 줌쯤 남기고 가셨더라면…. 그랬더라면 아버지와 좀 더 가까워질 수 있었을까? 그런데도 나는 지금 왜, 아버지가 올려다보았던 부처님이며, 산이며, 하늘을 찾아가 보려고 하는 걸까. 모를 일이었다.

'월리사'가 자꾸 마음을 잡아당겨 청남대 관람을 건성으로 마치고 나왔지만, 해는 이미 뉘엿뉘엿 지고 있었다. 월리사 쪽으로 꺾어 들어가는 길부터는 남편 대신 내가 직접 운전대를 잡고 싶었다. 해는 저물어가고 길은 구불거려 위험한데도, 나는 무엇엔가 이끌리듯 가속페달을 밟으며 절을 향해 내달렸다. 공양미 자루 위에 책 보따리를 얹어지고 산길을 오르시던 아버지를 내가 뒤따라가는 것만 같았다.

'달과 가까이 있는 절', 월리사月裡寺는 샘봉산 자락에 폭 안기어 있어, 사람의 마음을 안온하게 해주는 곳이었다. 아버지의 유토피아이자 청산이었을 이곳은, 산과 절의 이름을 닮은 풍경과 소박한 규모 때문에 아버지가 내심 좋아하셨을 것 같았다. 병약했던 30대의 젊은 아버지는, 휴양을 위해 가끔 이곳을 찾아 한동안씩 머물다 가셨다고 했다.

대웅전에 들어가 부처님께 서툰 삼배를 올린 후에도, 한동안 그대로 서서 부처님의 얼굴을 가만히 바라보았다. 아까, 월리사에 들러보고 싶다고 작은언니와 통화했을 때, 이곳 부처님의 얼굴이 아버지처럼 갸름하게 생기셨으니, 자세히 살펴보라고 한 말이 떠올랐기 때문이다. 고향집 안방에 걸려 있던 사진 속 아버지의 얼굴은 야윈 듯 수심에 찬 듯 갸름한 모습이었으나, 내 앞의 부처님 얼굴이 특별히 갸름해 보이지는 않았다. 월리사와 아버지와의 인연에 필연성을 부여하고 싶어 하는 언니의 마음이 빚어낸 착시현상이 아닐까?

경내가 고즈넉했다. 어머니는 3년 전 아버지 곁으로 가시면서, '친정'도 치마폭에 싸들고 가셨다. 지난여름에는 아파트 단지가 들어서며 남에게 빌려주었던 시골의 고향집마저 사라져 버려 허망하던 중에, 이제 이곳 풍경을 떠올려 보는 것만으로도 따뜻한 위안이 될 것 같았다. 이제부터 내 마음의 친정으로 삼고 싶어지는 곳이었다. 아버지는 사 남매 중 유일하게 아직도 찾아오지 않는 막내딸이 언젠가는 반드시 찾아올 줄 알고, 그저 묵묵히 기다리고 계셨던 듯했다. 이곳저곳 찬찬히 돌아보며 아버지의 흔적을 느껴 보았다. 아버지가 묵으셨을 방의 문고리에도, 나뭇잎 하나에도, 스치는 바람결에도 아버지의 숨결이 서려 있는 듯했다. 이번에는 아버지가 나에게만 특별히 속삭이시는 것 같았다. '친정집이 생각날 때마다 예서 쉬었다 가려무나.' 부녀간 65년 만의 해후였다.

그날 이후 나는 아버지 곁으로 한 걸음씩 한 걸음씩 마음을 내딛고 있었다. 며칠 전, 케케묵은 기억 더미 속에서 큰당숙모님이 해주셨던 말씀을 끄집어냈다. "너는 어쩜 발마저 네 아버지와 꼭 닮은 채발이구나." 살집 없이 길쭉하기만 하여 못생겼다고 생각해 온 내 발 모양에 콤플렉스를 갖고 있던 나는, 얼른 '채발'의 뜻을 찾아보았다. 아, 왜 이제야 알게 되었을까. '갸름하여 맵시 있는 발'이란다. 그러고 보니, 흉하다고만 여겨온 내 발이 갑자기 갸름하니, 제법 날렵해 보였다. 아버지는 얼굴도, 발도 모두 갸름한 분이셨구나! "아버지가 보고 싶으면, 거울 속 네 얼굴을 보려무나." 어린 시절 어머니가 가끔 해주셨던 말씀도 떠올랐다.

뒤늦게 도착한 아버지의 넉넉한 선물들이 오늘도 마음을 따스하게 감싼다. '아버지가 계신 친정 월리사'와 '채발', 그리고 '내 얼굴'까지. 거기에다, 책을 유난히 사랑하셨다던 아버지는 글월 '문文' 자가 담긴 성씨 '민閔'을 물려주시면서, 글 쓰는 사람이 되라고 조용히 당부하고 떠나셨던 것은 아닐까 생각하게 된다.

오랫동안 닫아두었던 창문을 활짝 열어젖히자, 햇살이 방 안 가득 쏟아져 들어왔다. 살다 보면 예기치 못했던 순간, 마음을 두드리는 만남을 마주하게 된다. 그것은 어쩌면, 조용히 삶을 비추는 작은 깨달음인지도 모른다. 인생이란, 그렇게 문득 찾아온 해후를 통해 천천히 어른이 되어가는 여정인지도 모른다.

카레라이스

 촌뜨기였던 나는 지방 중학교의 첫 '뺑뺑이 세대'이다. '뺑뺑이'라 불린 물레 모양의 추첨기를 오른쪽으로 두 번, 왼쪽으로 한 번 돌렸더니, 번호가 적힌 새알 하나가 운명처럼 내 앞에 툭 떨어졌다. 그렇게 나는 시골 초등학교를 졸업한 후 무시험 입학제로 도청소재지에 있는 한 여자중학교에 입학하게 되었다. 중학생이 되었다는 것은 내게 상급학교의 학생이 되었다는 의미뿐만 아니라, 우물 안 개구리가 비로소 우물 밖으로 나오게 되었다는 것을 뜻했다. 내 앞에는, 하루빨리 촌티를 벗고 도시에 사는 친구들과 어깨를 나란히 하기 위해 배우고 극복해야 할 낯선 것들이 줄지어 기다리고 있었다. 카레라이스도 그중의 하나였다.
 중학교에 입학하고 얼마 후, 기다리던 첫 가사 실습 시간에 카레라이스를 만들게 되었다. 실습 시간이 3, 4교시였기 때문에 그날은 도시락을 따로 싸갈 필요가 없어서 학교 가는 발걸음이 가벼웠다. 가정 시간에 배운 서툰 자수 솜씨로 밤늦게까지 수를 놓아 완성한 앞치마와 머릿수건을 처음으로 착용하는 기분도 여간 설레지 않았다. 우리는 현대식 조리시설이 잘 갖추어진 실습실을 신기한 듯 둘러보며 실습할 음식에 대한 기대로 한껏 부풀어 있었다. 카레라이스! 짜장면이라든지 담북장이라든지 그런 것들에 비하면 카레라이스는 이름부터가 얼마나 경쾌하고 고급스러운가. 그러니 그 맛은 또 어떠하겠는가.

나처럼 모두 마음이 달떠서인지 실습실 안은 소녀들의 재잘거림으로 몹시 소란스러웠다. 시내에 사는 친구 중 몇몇은 카레라이스가 매우 익숙한 음식인 듯, 이러쿵저러쿵 제법 알은체했다. 카레라이스를 먹어 본 적이 없는 나는 그들이 몹시 부러웠다. 그것은 어쩌면 내가 결코 따라잡을 수 없는 그들만의 도시적인 면모 같기도 했다.

우리는 조별로 나뉘어 선생님의 지시대로 차근차근히 움직였다. 시간이 흐르고 각 조의 냄비에서 카레 소스가 끓기 시작하자, 실습실 안은 온통 강한 카레 냄새로 가득 찼다. 내게는 익숙하지 않아서인지 구미가 확 당기는 냄새는 아니었다. 거기에다 소스가 샛노란 색이라서 슬슬 불길한 생각마저 들기 시작했다. 작년 엄마 생신 때 큰언니가 요리책을 보고 만들었던 서양 음식도 노란 색이었는데, 비위 약한 내가 그것을 거의 먹지 못했기 때문이다.

 이윽고 카레라이스가 완성되었다. 그런데 우려했던 것과는 달리 매콤한 듯, 달짝지근한 듯, 혀에 착 감기는 그 오묘한 맛을 무어라 표현해야 할까. 먹을수록 점점 더 입에 달라붙는 것이, 짜장면과는 또 다른, 맛의 신세계였다. 세상에는 이런 맛도 있었구나! 나도 이제 서양 음식 한 가지는 거뜬히 먹을 수 있게 되었다는 사실이 여간 뿌듯하지 않았다. 스푼을 내려놓은 채 상을 찌푸리고 있는 짝꿍 옆에서, 나는 보란 듯이 카레라이스 접시를 깨끗이 비웠다. 나에게 찰싹 붙어 다니던 촌티 중 한 가지가 그렇게 떨어져 나가고 있었다.

 실습실 뒷정리를 마치고 교실로 돌아왔을 때였다. 맨 뒷자리의 키 큰 친구가 내 자리 쪽으로 와서 뚜껑이 움푹 들어간 자기의 양은 도시락을 짠! 하고 열어 보였다. 어? 어떻게 가져왔지? 도시락 속에는 눌리고 뒤섞이어 몰골이 우스꽝스럽게 된 카레라이스가 들어있었다. 우리의 놀라움엔 아랑곳없이, 그 친구는 별식이라 할머니에게 맛보여 드릴 거라면서, 마냥 신이 나 있었다. 물기 때문에 샐 염려가 있는 음식을 집으로 가져갈 생각을 하다니. 그 친구의 무모함이 놀랍고 어이없었으나, 한편으론 할머니에 대한 친구의 효심이 우러러보였다. 교무실에 다녀올 테니 조용히 먹고 있으라는 선생님의 지시를 어기고, 앞치마 속에 카레라이스 접시를 감추어 교실까지 달음질쳐 온 친구의 용감무쌍함 뒤에는, 할머니를 생각하는 마음이 있었다. 나는 잠시 4년 전 돌아가신 할아버지를 떠올렸다. 그 친구가 부러웠다. 그 일은 나에게 여러 의미에서 충격을 준 사건이었다. 그날 친구는 분명 학교에서 실컷 먹었다고 허세를 부리며, 할머니 앞으로 '귀한 음식'을 호기롭게 밀어놓았으리라.

 카레라이스를 시작으로 우리는 매잡과와 도넛, 감자크로켓 만들기를 차례로 배웠다. 그때마다 도시락에 카레라이스를 담아 갔던 친구가 그랬던 것처럼, 나도 그것들을 학교에서 조금만 맛보고는 집으로 싸 오곤 했다. 보조 가방 속에 넣어 버스를 타고 오는 동안 깨지거나 찌부러지곤 했지만, 그것들을 맛있게 먹고 있는 식구들을 바라보는 것은 어디에도 견줄 수 없는 큰 기쁨이었다. "저는 학교에서 실컷 먹었어요." 그러면서 더 먹고 싶은 마음을 꾹 참고 축내지 않길 참 잘했다는 뿌듯함에, 다음번 가사 실습이 또 기다려지곤 했다. 그렇게 소녀는 음식 속에 담긴 정과 책임, 그리고 사랑의 모양을 서서히 배워가고 있었다. 소소한 절제와 배려의 경험은 자신도 모르게 조용히 어른으로 이끄는 힘이 되었다.

 그런데 아직도 궁금한 것이 있다. 그 친구는 그날 점심을 어떻게 해결했던 걸까? 도시락 속의 카레라이스는 흔들리는 만원 버스 안에서 무사했을까? 험난한 여정을 거쳐 갖다 드린 별식이 할머니의 비위에는 잘 맞았을까?

어수룩한 아이

어렴풋이 엄마 목소리가 들렸다. 얼른 달려 나가고 싶었다. 그러나 몸이 말을 듣지 않았다. 눈도 떨어지지 않고, 목소리도 나오지 않았다. 어린 것이 많이 놀랐을 거라는 엄마의 말소리가 꿈인 듯 생시인 듯 들려왔다.

전날 희기 할머니를 장사 지내는 산에 따라갔던 일이 사단이었다. 그곳에서 나는 소꿉친구 희기와 함께 손을 잡고 다니다가, 무심코 어른들 틈새로 무덤 안을 들여다보았다. 붉은 흙 속 커다란 구덩이 안에는 길쭉한 네모 상자가 놓여 있었다. 상복을 입은 어른들이 큰소리로 울부짖곤 했지만, 나와 희기는 처음 보는 광경들이 그저 신기할 따름이었다. 뭐 무섭지도 겁나지도 않았다.

정작 무시무시한 일은 이튿날 학교에서 일어났다. 어제 일을 친구들에게 자랑삼아 이야기하자, 소꿉친구 정희가 무언가 잠시 생각하는 듯하더니, 입을 삐죽이며 내게 말했다. "널(관)을 본 아이는 먼 동네에서 하룻밤을 자고 와야만 된댜. 그러지 않으면 그 아이도 곧 죽는댜." 기절초풍할 노릇이었다. 죽는 건 세상에서 제일 무서운 일이었다. 가슴이 쿵쾅거리기 시작했다. 정말 죽으면 어떡하지? 다른 동네라면, 외갓집으로 가야 하나? 외갓집은 너무 멀어서 나 혼자 가본 적이 없는데⋯. 학교가 끝나고 친구들은 모두 집으로 돌아가고, 운동장에 홀로 남아 한참을 궁리해 보았지만, 뾰족한 수가 없었다. 나 혼자서 찾아갈 수 있을까? 가슴은 여전히 뛰고 있었다.

  외갓집은 멀고도 멀었다. 걷고 또 걸어도, 지나가는 풍경은 달라지지 않았다. 차들은 계속 지나가고, 가로수는 끝이 없었다. 다리는 후들거리고, 배는 점점 고파왔다. 혹시 이 길이 아니면 어떡하지? 곧 캄캄해지는 것은 아닐까? 희미한 기억을 짚어 드디어 외갓집에 도착했을 때는 쓰러질 것만 같았다. 대문간에서 외할머니와 외삼촌을 맞닥뜨리는 순간, 뜨거운 것이 솟구치며 어깨가 마구 흔들렸다. 외갓집 식구들이 모두 놀라 뛰어나왔다. 저녁밥도 먹는 둥 마는 둥, 나는 외할머니 품에 안겨 잠에 빠져 들었다.

  엄마가 나를 일으켜 앉혔다. 그러고는 손수건에 싸 온 조그만 나무상자에서 금빛이 도는 동그란 약을 꺼냈다. 놀랐을 때 먹는 약이라 했다. 숟가락에 담긴 물에 엄마의 새끼손가락으로 으깬 약을 구역질까지 하며 겨우 넘기고 나자, 엄마는 이번에도 다 정희가 꾸며낸 이야기이니 걱정하지 말라며 내 등을 토닥여 주었다. 엄마는 1학년인 내가 학교에서 늦게까지 돌아오지 않자, 동네 친구들을 찾아다니며 자초지종을 알게 되었다. 엄마는 정희가 희기 할머니 장사 지내는 곳에 저만 쏙 빼고 갔던 것에 심술이 나서 벌인 일이라고 했다. 정희를 단단히 혼내 주겠다는 엄마의 약속을 듣고 나서야 나는 두려움에서 벗어날 수가 있었다. 이제 더는 죽을까 봐 무서워하지 않아도 되었다.

  엄마에게 업혀 고개를 넘고, 산길과 들길을 지나 집으로 돌아오는 길은 밝은 달 때문인지, 엄마와 함께여서인지 무섭지가 않았다. "우리 애들은 왜 그리 어수룩한지 원…." 혼잣말인 듯, 나 들으라는 말인 듯 엄마의 퉁명스러운 말소리는 아랑곳없이, 나는 엄마에게 업혀 가는 것이 좋기만 했다. 여덟 살짜리 다 큰 학생인 내가 엄마에게 업혀 보다니, 오랜만에 어리광도 부려보고 싶었다. 서늘한 밤공기와는 달리 엄마의 등이 참 따스했다. 그 따스함을 온몸으로 느끼고 싶어 나는 자꾸만 몸을 뒤척였다. 밤새도록 엄마 등에 업혀 가고 싶었다. 우리 집이 더 멀었으면….

  정희도 반백 년 전의 그때 일을 기억하고 있을까. 외갓집과 우리 집을 발칵 뒤집어놓고, 어수룩한 한 영혼으로 하여금 하루 동안 지옥과 천국을 오가게 한 내 친구 정희. 돌이켜보면, 조숙하고 상상력이 풍부하여 또래 친구들에게 늘 자기가 지어낸 이야기를 그럴듯하게 들려주곤 했던 그녀야말로 진짜 소설가였다. 물론 나는 언제나 그녀가 쓴 이야기의 첫 번째 독자였고, 가장 쉽게 마음을 내어주는 청중이었다. 꼬마소설가 덕분에 나는 동생(함께 자란 사촌동생) 것인 줄만 알았던 엄마의 등을 하룻저녁이나마 오롯이 차지할 수 있었다. 엄마 등에 업혔던 그 밤을 만들어 준 사람이 정희였다는 걸, 오랜 시간이 흐르고서야 깨달았다. 오래도록 잊고 지냈던 꼬마소설가가 문득 그리워진다.

짚가리 뒤의 건빵

낮에 동네 어귀에서 인근 교회의 신자들이 꾸러미 하나씩을 나누어주고 있었다. 분명 교회주보와 매번 처리가 곤란한 사탕 봉지가 들어 있겠지 싶었다. 예의상 꾸러미를 받은 후 가방에 넣으려다 무심코 그것을 들여다보았다. '어? 건빵이네.' 뜻밖의 선물이었다. 시큰둥했던 마음이 갑자기 환해지며 저절로 미소가 흘러나왔다. 건빵, 그 과자 하나가 내 마음속 오래된 서랍 하나를 열어 젖혔다.

열 살 되던 해 겨울, 한동네에 사는 육촌 오빠가 군대에서 휴가 나와 우리 집에 인사차 들렀다가 돌아갈 때였다. 대문간에서 배웅을 끝낸 식구들이 모두 들어가고 마지막으로 나만 남게 되자, 오빠가 저쪽으로 내 손을 잡아끌었다. 그러고는 군복 주머니에서 누런 봉지 하나를 꺼내주며 속삭였다. "너 혼자만 먹어." 건빵이었다. 갑자기 튀어나온 선물에 폴짝폴짝 뛰어오를 만큼 신나고 기뻤다. 그런데 오빠는 왜 이것을 우리 식구들 앞에서는 내놓지 않았을까? 왜 나 혼자만 먹으라고 한 걸까? 이해할 수가 없었다. 그러나 그건 그거고, 내 급한 마음은 이미 건빵 봉지 속에 들어가 있었다. 이 한 봉지가 다 내 것이라니. 그런데 혼자 먹기에 안전한 곳이 마땅찮았다. 겨우 찾아낸 바깥마당의 짚가리 뒤쪽에 쪼그리고 앉아 몰래 먹는 건빵 맛은, 기막히게 고소하고 맛있었다. 하지만 할아버지와 동생이 자꾸만 눈에 밟히며 마음이 무거워지는 것은 어쩔 수가 없었다.

  육촌 오빠는 나를 몹시 귀여워했다. 나도 왠지 어렵기만 한 우리 오빠보다는 다정하고 마음이 잘 통하는 육촌 오빠가 더 좋았다. 육촌 오빠는 나의 학교생활과 장래희망은 물론 시시콜콜한 비밀까지 죄다 알고 있었다. 오빠는 또 내가 엄마에게 꾸지람을 듣고 시무룩해 있으면, 우스갯소리나 옛날이야기로 어떻게든 내 기분을 풀어주려 애쓰는 자상한 사람이었다.

  "너 혼자만 먹어." 오빠가 왜 그랬는지, 그 깊은 뜻을 나는 먼 훗날에야 짐작할 수가 있었다. '연민'이었을 것이다. 우리 집에는 내가 젖먹이 때부터 치매를 앓아 오신 '어린 할아버지'가 계셨다. "에미야, 사탕 사 와라." "닭 한 마리 잡아라." 한밤중에도 먹을 것을 찾으시는 할아버지는 그것을 즉시 대령하지 않으면 크게 역정을 내셨다. 시골살림임에도 우리 집 다락과 찬장에는 할아버지가 좋아하시는 음식들이 떨어질 새 없었지만, 그것은 어디까지나 '할아버지 것'이었다. 누구든 할아버지 것에 함부로 손을 대서는 안 되었다. 가끔 엄마가 꺼내주는 사탕 한두 개는 어린아이에게 감질만 나는 개수였다. 나는 아주 어려서부터 할아버지가 맛있는 것을 잡숫고 남겨주실 때까지 참을성 있게 기다릴 줄 아는 아이로 자랐다. 기껏 기다렸는데, 하나도 남겨주시지 않을 때도 많았다. 철부지에게 눈앞의 맛있는 음식을 바라보며 기다리고 있어야 하는 시간처럼 길고 힘든 시간도 없으리라. 가까이 살던 오빠는 아이의 그런 마음을 빠짐없이 주워 담고 있었을 것이다. 다락 안의 과자에 손대지 않는 아이의 서글픈 체념도 오빠의 마음속에 차곡차곡 쌓여만 갔을 것이다.

  거기에 더해, 오빠는 또 다른 측은함도 내게 느꼈을지 모른다. 나보다 한 살 어린 오빠의 막냇동생은 오빠의 어머니인 당숙모가 장에서 사다 주는 봉지 과자로 막내의 특권을 톡톡히 누리는 어리광쟁이였다. 그에 반해, 그보다 겨우 한 살 위인 나는 막내이면서도 어리광 한번 실컷 피워보지 못한 얼치기막내로 비쳐졌을 터이다. 내가 다섯 살 때부터 한 살 어린 사촌동생이 우리 집에 와서 나와 함께 자랐기 때문이다. 오빠는 사촌 동생이 우리 엄마 품으로 들어와 내가 엄마를 동생과 나눠 갖게 된 것을 쭉 지켜본 사람이었다. (참말이지 나는 동생이 생긴 것이 기뻐서 동생을 살뜰히 보살펴 주었는데) 오빠는 그런 것도 안쓰럽게 바라보았고, 측은함은 자꾸만 쌓여갔을 터이다. 그런 내게 군인 신분의 오빠는, 건빵으로나마 자기의 막냇동생이 누리고 있는 오롯한 과자 한 봉지의 행복을 선사해 주고 싶었으리라.

나는 여태 내 유년기를 명랑·쾌활한 철부지의 행복했던 시절로만 기억해 왔었다. 그런데 내 짐작대로라면, 육촌 오빠는 나 자신도 미처 깨닫지 못했던, 내 동심 속 한구석에 웅크리고 있었을 외로움과 서러움을 그냥 지나치지 않은 유일한 사람이었다. '어린 할아버지' 밑에서 한 귀퉁이가 웃자라버린 아이, 새 막내의 등장으로 얼치기막내가 되어버린 아이의 내면을 연민의 마음으로 지켜보던 사람이었다.

참으로 애달픈 나이 40대에 육촌 오빠는 세상을 떠났다. 오늘 받은 교회주보에서 스치듯 보았던 문장이 반짝인다. '다른 사람의 마음을 헤아리는 것이 신앙이다.' 그러고 보니, 독실한 크리스천이었던 오빠가 오늘은 그 말을 전해주고 싶어 예의 건빵을 갖고 찾아온 것은 아닌지, 다감했던 오빠가 오늘따라 몹시 그리워진다.

곰배

바깥이 소란하다.

또 할아버지와 손자 간에 실랑이가 시작된 모양이다. 부엌일을 끝내고, 과일을 챙겨 막 거실로 향하려던 발길을 멈추고 창밖을 내다본다. 오늘도 옆 동 할아버지는, 할아버지의 다리를 걷어차며 유치원에 가지 않겠다고 소리 지르는 손자를 달래느라 쩔쩔매고 있다. 잠시 후, 유치원 차가 다가와 낚아채듯 악동을 태우고 사라지자, 할아버지는 벤치 위에 쪼그리고 앉아 이내 초점 없는 시선을 허공에 매달고 있다. 매일 똑같은 모습이다. 며칠째 갈아입지 않은 회색 셔츠가 오늘따라 멍한 눈빛과 함께 더욱 쓸쓸하다. 한동안 노인의 모습을 지켜보고 있노라니, 곰배와 김치는 멍멍 짖으며 어서 사과 접시를 들고 거실로 가자고 야단들이다.

따스한 봄볕은 이미 거실 안 깊숙이 들어와 우리 셋의 자리를 마련해 놓고 있다. 곰배랑 김치랑 둘러앉아 사과를 깎고 있는데도, 창밖 할아버지의 모습이 좀처럼 가슴에서 떠나지 않는다.

달포 전 지하철 안에서 등이 굽은 노인이 발 빠른 젊은이들에게 두어 번이나 빈자리를 빼앗긴 후, 통로 한편에 신문지를 깔고 앉아 있던 모습도 그랬었다. 쪼그려 앉은 노구가 외딴섬처럼 작고 외로워 보여, 한동안 가슴이 짠했던 장면이었다.

어머니도 그런 모습으로 지내시는 걸까. 숨이 가빠 바깥출입을 못하시고, 오빠 내외가 퇴근할 때까지 홀로 집안에서만 지내시는 노모의 모습이 떠오른다. 요즘 들어 전화도 자주 드리지 못했으니, 불효도 이런 불효가 없다. 훗날 어머니께서 돌아가시고 나면 가슴을 치며 통곡할 것 같은 생각에, 평생의 불효에 대한 자책과 회한이 밀려온다. 다음주에 어머니를 뵈러 가면 몹시 기뻐하실 거란 생각을 하며 무거워진 마음을 가까스로 추스르려는데, 옆에서 으르렁거리는 소리가 들린다. 김치가 곰배에게 또 심통을 부리는 것일 게다.

돌아보니, 입이 짧은 김치는 자기가 남긴 사과 한 조각을 내 옆에 물어다 놓은 채, 곰배에게 접근하지 말라고 입을 씰룩거리고 있다. 저 먹기는 싫고 남에게 주기는 더 싫은, 계륵의 주인이 된 셈이다.

잠시 지켜보고 있자니, 그 광경이 참 가관이다. 먹보인 곰배는 사과 조각에 시선을 고정한 채 고드름만 한 침을 입 양쪽에 매달고 있고, 서슬 퍼렜던 김치는 봄볕을 이기지 못하고 꾸벅꾸벅 졸며 허공에 코방아를 찧고 있다.

"… 그러니까 엄마, 다음 주에 가 뵐게요."

전화기 내려놓는 소리에 깨어난 김치가 벌떡 일어나 잠결에 밖으로 뛰어나가는가 싶더니, 황급히 되돌아온다. 용변을 보러 나갔다가 문득 사과 생각이 떠올랐던 모양이다. 거실에 들어서면서 제 사과를 막 입에 물려던 곰배를 보자마자, 앙칼지게 달려들어 곰배의 목덜미를 물고 마구 흔든다. 겁 많은 곰배는 꼬리를 내린 채 거구를 이끌고 쏜살같이 베란다로 줄행랑을 친다. 그 꼴이 가여워서 폭군을 나무라보지만, 약자의 기를 살려주기에는 역부족이다.

얼마나 지났을까. 김치는 입안에 숨겨놓았던 사과 조각을 다시 뱉어 놓고는 전처럼 지키고 있고, 베란다에서는 곰배가 거실 안을 살피고 있다. 들어오라고 아무리 곰배를 불러보아도 김치의 눈치를 보느라 엄두를 못 내고 있다. 제 덩치의 반도 안 되는 김치에게 대거리 한 번 해보지도 못하고 베란다로 쫓겨난 곰배의 처지가 어쩌면 가족들의 책임인 것만 같아 마음 한구석이 짠해 온다.

곰배는 지금의 상황이 몹시 억울하고 분하지 않을까? 집안의 꽃 같은 존재에서 조용히 밀려나 그림자가 되기까지, 그 변화는 어쩌면 인간의 시간과 닮아 있다. 10년 전, 막 젖을 뗀 곰배가 처음 우리 집에 왔을 때는, 아기곰 같은 모습과 온갖 재롱으로 가족들의 사랑을 한몸에 받았다. 밤마다 서로 곰배와 자겠다며 쟁탈전이 벌어졌고, 간식과 장난감은 언제나 곰배의 독차지였다. 곰배는 그렇게 혼자 사랑을 듬뿍 받으며 집안의 꽃으로 지냈다.

그러다 곰배가 다섯 살 되던 해, 낮 동안 곰배 혼자 집을 지켜야 하는 것이 안쓰러워 아장아장 걸음마를 하던 김치를 데리고 왔다. 김치의 못 말리는 애교와 앙증맞은 생김새는 가족들의 마음을 쥐락펴락하기에 충분했다. 곰배도 보모 노릇을 자청할 정도였으니까. 식탁 위의 김치처럼, 우리 집에 없어서는 안 될 존재라는 뜻으로 이름마저 '김치'라 지어주었다. 곰배가 늦둥이 딸이었다면, 김치는 집안의 첫 손녀와 같은 존재랄까. 곰배에게 쏠렸던 관심과 사랑은 이제 고스란히 어린 김치에게 옮겨졌고, 곰배는 자연히 뒷전으로 밀려나는 신세가 되고 말았다.

그 후, 뒤늦게 굴러들어온 돌은 가족들의 편애를 등에 업고 점점 안하무견眼下無犬이 되어가더니, 드디어 박힌 돌을 완전히 빼내기에 이르렀다. 언제나 어린 김치가 식사를 다 마칠 때까지 나이 든 곰배는 멀찌감치 떨어져서 기다려야 했고, 김치가 앉아 있는 소파 위에는 곰배가 얼씬도 하지 못했다. 하룻강아지였던 김치를 정성스레 핥아주며 엄마처럼 돌보아준 곰배는, 결국 호랑이 새끼를 키운 꼴이 되고 말았다.

  아직도 베란다에서 물끄러미 이쪽을 바라다보는 늙은 곰배의 몰골이 몹시 처량하다. 무슨 생각을 하고 있을까. 문득, 곰배의 눈에서 세상 무대에서 밀려나 외면당하는 노인의 서러움과 체념을 읽는다. 낮 동안 이야기 상대도 없이 홀로 지내시는 내 어머니의 모습이 그 속에 있고, 날마다 같은 자리에 앉아 허공을 바라보는 옆 동 할아버지의 무표정한 얼굴이 그 속에 있다. 그리고 장유유서長幼有序가 유장유서幼長有序로 뒤바뀐 세상에서, 노약자석에 앉아 있는 젊은이가 내릴 때까지, 지팡이를 짚고 서서 기다리는 훗날의 내 모습도 어른거린다.

  조용히 곰배에게 다가가 등을 쓰다듬어 본다. 꺼칠꺼칠한 털의 촉감이 애잔하다.

호냐만 불락히 가믄 안 되는 거여

　며칠 전 유치원 앞을 지나던 길이었다. 때마침 문이 열리며 노란 병아리들이 줄줄이사탕처럼 이어져 나왔다. 사내아이 하나가 담 밖에서 기다리고 있던 할아버지를 보자 쪼르르 달려가 담뿍 안긴다. 할아버지와 손을 잡고 집으로 향하는 아이는 쉴 새 없이 재잘거린다. 손자에게서 시선을 거두지 못하는 내리사랑의 눈빛이 성자의 그것처럼 그윽하다. 수천 겁劫 인연으로 맺어진 조손간 사랑. 꼬옥 붙은 두 손이 떨어질 줄 모른다. 내 할아버지와 나와의 사랑도 아마 저런 것이었을 터이다.
　온통 달짝지근한 추억들로 가득 찼던 내 유년의 풍경 한가운데에는 언제나 할아버지가 있었다. 할아버지는 나를 아주 귀애하셨다. 나도 이 세상에서 할아버지가 제일 좋았다. 할아버지 곁에 누워 세상에서 가장 좋은 할아버지 냄새를 맡고 있으면, 스르르 잠이 오곤 했다. 할아버지와 마실갈 때면 언제나 내 편인 할아버지의 손을 꼭 잡고 다녀야만 마음이 놓였다. 그런데 그것은 어쩌면 할아버지 쪽이 더했는지도 모른다. 할아버지는 예닐곱 살이나 된 나를 늘 젖먹이 아기로만 여기셨으니까.

가겟방 가는 길, 할아버지랑 손을 잡고 대문간을 나서면 마음은 벌써 가겟방에 먼저 가 있곤 했다. '오늘은 무얼 고를까?' 그런데 내 발걸음은 폴짝폴짝 하늘을 나는 데 비해, 지팡이를 짚으신 할아버지의 걸음은 걸음마하는 아기처럼 느려 여간 답답하지 않았다. 조급증을 이기지 못한 내가 할아버지의 손을 놓고 한두 걸음쯤 앞설라치면, 할아버지는 화가 난 듯 온 동네가 떠나갈 듯한 목소리로 외치셨다.

"아가, 호냐만(혼자만) 뽈락히(빨리) 가믄(가면) 안 되는 거여!"

평소 나에게 화를 내지 않던 할아버지가 이렇게 말씀하시면 별 도리가 없었다. 사실 할아버지의 손을 놓으면 안 된다는 것쯤은 할아버지보다 내가 더 잘 알고 있었다. 가겟방에 갈 때마다 엄마가 할아버지 손을 꼭 잡고 다녀야만 한다고 귀에 딱지가 앉을 만큼 일러 주곤 했으니까. 거기다가 가겟방은 돈이 없는 어린애가 혼자서는 갈 수 없는 곳이었다. 꼭 할아버지를 '갖고' 가야만 했다. 가겟방 문턱을 무사히 넘고 나서야 나는 비로소 할아버지의 손을 놓을 수가 있었다. 할아버지의 걸음에 맞추어 걷느라 힘들었던 만큼 보상도 컸다. 눈깔사탕이며, 비과며, 쇼빵(식빵)이며, 할아버지는 내가 가리키는 것은 무엇이든 고개를 끄덕여 주셨다. 좁고 기다란 나무의자에 걸터앉아 할아버지랑 말랑말랑한 쇼빵을 나누어 먹거나, 한쪽 볼이 볼록하니 눈깔사탕을 오물거리고 있으면, 가겟방 할아버지는 연필심에 침을 묻혀가며 잡기장에 무언가를 열심히 적곤 했다. 아무려나, 나는 돈을 내지 않고도 무엇이든 집어주는 할아버지가 오래오래 살았으면 참 좋겠다고 생각했다. 그저 신나고 즐거운 시절이었다.

그랬던 할아버지는 내가 열 살 때 여든다섯의 연세로 돌아가셨다. 철이 든 뒤에야 나는 할아버지가 그 시절 이미 수년째 노망(치매)을 앓으시는 환자였다는 사실을 알고는, 할아버지 품이 더 짠하게 다가왔다. 갑작스러운 발병으로 서른아홉의 큰아들이 세상을 뜬 충격 때문이었을까. 참척慘慽을 겪은 지 반년도 안 되어 얻으신 병이었다. 의식에 장애가 있으셨음에도 불구하고 할아버지는 아들이 남기고 간 핏줄들에게만은 놀랍도록 온전한 육친의 정을 쏟으셨다. 그중에서도 막내인 나를 자별히 사랑하셨던 것은 아마 첫돌도 되지 않아 아비를 잃은 가없는 연민 때문이었으리라.

내가 예닐곱 살이었던 무렵은, 할아버지가 식탐 증세로 하루 대여섯 번씩이나 진지를 드시고도, 늘 무언가 주전부리할 것을 찾으시던 시기였다. 그럴 때마다 할아버지의 소맷부리를 가겟방 쪽으로 잡아끄는 것은 내가 터득한 꾀였는데, 사실인즉 나만 신났던 것은 아니었다. 할아버지도 맛난 것을 잡수시며 덩달아 즐거워하셨으니, 그것도 나름의 효도였으리라. 엄마가 가겟방 주인에게 미리 부탁해 놓고 외상값을 꼬박꼬박 치르고 있었던 것을, 할아버지나 나나 알 턱이 없었다. 돌이켜보면, 아이러니하게도 나는 할아버지의 병환 덕분에 풍요롭고 행복했던 유년의 추억을 간직할 수 있게 된 셈이다.

  손을 잡고 저만치 걸어가는 할아버지와 손자의 뒷모습이 한 폭의 그림처럼 훈훈하고 아름답다. 저 아이가 이다음에 철이 들면, 나처럼 할아버지와 손잡고 걸었던 어린 시절의 추억을 종종 떠올려 보았으면 좋겠다. 가늠할 수도 없이 크고 깊은 할아버지의 사랑 속에는, 세상을 살아가는 천리天理가 고스란히 깃들어 있음을 알게 되리라. 손을 잡고 함께 걷는다는 것이 얼마나 소중한 일인지, 혼자만 앞서가서는 안 된다는 것의 깊은 뜻도 언젠가는 알게 되리라. 오늘은 그날따라 유난히 쩌렁쩌렁했던 할아버지의 목소리가 자꾸만 귓가를 맴돈다.

  "호냐만 뽈락히 가믄 안 되는 거여!"

머한다꼬 안 들오노

무슨 생각을 하고 있는 걸까?

며느리가 거실 벽 한가운데에 걸린 가족사진 앞에 서서 오랫동안 움직이지 않는다. 오래전 우리 부부와 두 아들이 찍은 가족사진에는 3년 전에 결혼한 며느리가 없다. 며느리도 혹시 저 없는 가족사진을 새댁 때의 나와 같은 마음으로 바라보고 있는 것일까?

"며느리에겐 시집에서의 첫 겨울이 유난히 추운 법이지."

함께 사는 형님이 귀띔해 준 대로 시집오던 해의 겨울은 몹시 추웠다. 스물다섯 동갑내기 철부지였던 우리 부부는 신랑이 취직도 하기 전에 결혼했다. 무어 그리 서둘러야 할 결혼도 아니었건만, 철부지 신랑이 어머님을 조르다시피 하여 승낙한 결혼이었다. 시집 이층, 신랑이 총각 때부터 쓰던 북향 방에서 초겨울 추위와 더불어 시작한 신혼생활은 기대와는 달랐다. 시집이란 곳은, 신랑조차도 낯설게 느껴질 때가 있는 삶의 경계선 같은 공간이었다. 새로운 생활습관과 문화에 적응하느라 새댁은 늘 긴장하며 지냈다.

적응하기 힘든 것 중 하나가 어머님의 부산 사투리였다. 낯선 표현도 많고 속도도 빨라, 충청도 출신인 내겐 외국어처럼 들릴 때가 많았다. 멀리서 어머님의 목소리만 들려도 마음이 먼저 움츠러들곤 했다. 어머님과의 소통에 어려움이 있는 데다 집안일까지 서툴다 보니, 새댁에게 곤혹스러운 일들이 자주 생겼다.

시집와서 한 달쯤 되었을 때다. 어머님이 안방에서 부엌을 향해 거실의 연탄난로에 대해 무어라고 이르셨다. 나는 지레짐작으로 '지금, 난로의 연탄을 갈아라.'라는 분부로 해석했다. 난로 안에는 과연 하얗게 변한 연탄 한 장이 여러 장 중에 끼어 있었다. 그것을 난로 옆의 스텐대야에 꺼내놓고 새것으로 갈아 넣었다. 그러고는 우리 방으로 올라와 깜빡 졸았었나 보다. 갑자기 아래층에서 어머님의 다급한 목소리가 들렸다. 뛰어 내려와 보니, 나무 타는 냄새가 나고 대야 밑에서 연기가 피어오르고 있었다. 진작 꺼져야 했을 하얀 연탄이 대야를 달구어 마룻바닥이 타는 중이었다. 아찔했다. 불은 다행히 마룻바닥을 어른 손바닥 넓이 정도만 태우고 꺼졌다. 시키지도 않은 일을 한데다 조심성까지 없다며 노발대발하시는 어머님 앞에서, 나는 시집오자마자 집 한 채를 홀랑 태워버린 듯한 죄인이 되었다. 마룻바닥의 까만 흔적은 1년 반 동안의 시집살이 내내 주홍글씨로 나를 따라다녔다.

  그런 새댁을 놔두고, 이튿날 형님이 젖먹이와 함께 친정 행사에 갔다. 형님의 빈자리가 몹시 크게 느껴졌다. 좀처럼 끝나지 않을 것 같던 저녁 설거지를 혼자서 겨우 마친 후, 막 안방으로 들어가려던 참이었다. 방안에서 식구들의 유쾌한 웃음소리가 흘러나왔다. 왠지 내가 끼여선 안 될 것만 같았다. 잠시라도 안방에 들어가 앉았다가 일어나는 것이 새며느리로서의 예의련만, 어제 일까지 되살아나 영 용기가 나질 않았다. 안방으로도, 우리 방으로도 가지 못하고 거실에서 서성이다가 장식장의 사진액자 앞에 멈춰 섰다. 앞줄에는 아버님 어머님과 아가씨가 앉아 있고, 뒷줄에는 신랑 삼 형제가 나이순대로 서 있다. 신랑과 아가씨는 어머님을, 아주버님과 도련님은 아버님을 꼭 닮았다. 세상에서 가장 질긴 끈紐과 띠帶로 엮인 '그들'이 견고한 사각의 울타리 안에서 이방인을 물끄러미 내다보고 있었다. '유대紐帶'와 '배타排他'는 동전의 양면 같은 것이 아닐까? 대체, 나는 왜 여기에 홀로 와있는 걸까. 돌아가고 싶었다.

  그때 안방 문 열리는 소리가 났다.

"추분데 머한다꼬 이적지 안 들오노?"

아! 어머님은 새며느리를 걱정하고 계셨던 것이다.

"발 시리제. 이리 땡기안지라."

어머님이 자꾸만 담요 안쪽으로 나를 끌어당기셨다. 나는 조금 전까지 내 안에 꽉 차 있던 생각들을 서둘러 내보내야 했다.

인생길을 걸어오면서 이방인이었던 때가 어디 새댁 시절뿐이었으랴. 내가 고고성呱呱聲을 터뜨리며 인류에 합류했던 순간에도 나는 이방인이었다. 또한, 삶의 길목마다 처음으로 마주쳤던 수많은 세계도 언제나 이방인이라는 통과의례를 거쳐야 하는 낯선 경계였다. 인생이란, 어쩌면 낯선 세계와의 충돌을 몸과 마음으로 겪어내면서 토박이가 되어가는 과정인지도 모른다. '그들'을 '우리'라 부르게 되고, '배타'를 '유대'로 만들어가는 그 과정.

며느리에게 그때의 내 이야기를 들려주면, 조금은 위안이 되지 않을까?

제2부

흔들리며 피어나는 날들

혹시 그게 아닐지도 몰라

제자리

기억되지 않을 선물

명지휘자를 기다리며

'갈 수 없는 섬'의 아틀란티시아

오빠라고 불러다오

유리벽 너머의 관람객

〈마지막 수업〉은 감동적인가

금아 선생의 소이부답

혹시 그게 아닐지도 몰라

우리는 매일, 눈빛 하나, 말 한마디로 사람을 단정 짓는다. 그것들이 담고 있을지도 모를 무게를 헤아릴 겨를도 없다. '그 사람은 그런 사람이야, 저 말은 그런 뜻이겠지, 저 눈빛은 의심할 여지가 없어.' 확신은 빠르고, 마음은 이미 결론을 내리고 있다. 그러나 우리는 얼마나 자주 틀렸던가. 그리고 그 틀림이 한 사람의 삶과 한 가족의 시간, 나 자신의 존재마저 뒤흔들었다는 사실을 우리는 왜 늘 그렇게 늦게야 깨닫게 되는 걸까.

미국의 픽사 스튜디오에서 제작한 애니메이션 영화 〈코코〉는 화려한 색채와 신나는 음악으로 전 세계인의 사랑을 받았다. 그러나 그 밝고 경쾌한 외피 속에는 세대를 이어오며 고착된 하나의 오해가 깊이 숨어 있다. 소년 미겔의 집안은 '음악'을 철저히 금기시한다. 고조할아버지가 음악을 하겠다고 집을 떠나 영영 돌아오지 않았기 때문이다. 가족은 그를 음악에 미쳐 집을 나간, 무책임한 가족의 배신자로 기억하고, 그 기억은 대대로 내려오며 집안의 율법처럼 굳어져 있었다. 그러나 진실은 달랐다. 그가 가족에게 돌아가겠다고 하자 동료는 그를 죽이고 그가 작곡한 곡들을 가로챘다. 자신이 만든 음악과 명예, 이름까지 빼앗긴 채 그는 세상에서 지워졌다. 그 오해는 단지 한 사람에 대한 왜곡에 그치지 않았다. 그것은 자식에게는 아버지를 앗아간 비극이었고, 후손에게는 자신의 꿈마저 부정당하는 형벌이 되었다. 그 누구도 "혹시 아닐지도 몰라."라고 말하지 않았다. 단 한 번이라도 생각했더라면 어땠을까.

김동인의 〈배따라기〉는 훨씬 더 현실적인 방식으로, 오해가 어떻게 관계와 삶을 무너뜨리는지를 보여 준다. 어느 날 아내와 동생이 방 안에 나타난 쥐를 잡으려다 둘의 옷매무새가 흐트러진다. 마침, 외출에서 돌아온 질투 많은 사내는 그 모습을 보고, 평소 아내가 동생에게 친절히 대했던 것을 떠올리며 둘을 의심한다. 그러나 그는 묻지 않는다. 확인하지도 않는다. 결국 분노를 참지 못하고 두 사람을 내쫓는다. 억울한 아내는 물에 빠져 죽음을 택하고, 동생은 집을 떠나 자취를 감춘다. 그는 뒤늦게 자신이 오해했음을 깨닫고 회한을 끌어안은 채, 평생을 떠도는 삶을 살게 된다. 오해는 단 한 순간이지만, 그 짧은 순간이 한 사람의 삶 전체를 무너뜨린다.

　오해는 개인의 삶을 무너뜨리는 데 그치지 않는다. 때로 그것은 제도와 사회를 휘감으며 더 큰 비극을 만든다. 19세기 말 프랑스에서 벌어진 드레퓌스 사건이 그렇다. 유대인 출신 장교 알프레드 드레퓌스는 독일에 군사기밀을 넘겼다는 혐의로 체포되어 종신형을 선고받았다. 그러나 실제로는 그에 대한 뚜렷한 증거는 없었고, 군 내부의 반유대주의와 정치적 압력이 그를 희생양으로 만든 것이었다. 사건 이후, 위조된 문서가 드러나고 진범이 따로 있다는 사실이 밝혀졌지만, 드레퓌스는 이미 유배지에서 치욕과 고통의 세월을 견뎌야 했다. "그가 아닐지도 몰라." 단 한마디의 망설임이 있었다면 막을 수 있었을 사건이었다. 이 비극은 오해가 권위와 편견을 만나 얼마나 끈질긴 폭력으로 증폭되는지를 보여준다.

　이처럼 시대와 장소를 넘나들며 반복되는 오해의 비극은 단순한 개인사에서 사회와 역사의 심층으로 우리를 이끈다. 위의 이야기들을 우리는 어떻게 받아들여야 할까. 그저 픽션이라며, 남의 이야기라며 흘려보낼 것인가. 아니면 그것을 통해 우리 삶의 어떤 어둡고 깊은 부분을 비춰보아야 할까. 오해는 단지 사실을 잘못 아는 데서 멈추지 않는다. 그것은 관계를 허물고, 말하지 못한 진심을 짓밟는 조용한 폭력이 된다. 더 무서운 것은 그것이 사실보다 앞선 감정에서 비롯된다는 점이다. 사람은 진실을 확인하기도 전에 의심부터 하고, 상대의 해명을 듣기도 전에 분노부터 터뜨린다. 우리가 타인을 향해 던지는 말 없는 확신 —그는 분명 그럴 거야.— 은 때로 칼보다 깊은 상흔을 남긴다.

"혹시 그게 아닐지도 몰라." 이 말은 언뜻 나약해 보인다. 하지만 그것은 사람을 살리는 말이다. 닫힐 뻔한 마음의 문을 다시 열게 하고, 조용히, 천천히, 다른 눈으로 사람을 바라보게 한다. 그는 그런 뜻이 아니었을지도 모른다. 그의 말에도 나름의 이유가 있었는지도 모른다. 내가 본 것만으로 판단하는 것은 너무 성급한 것일지도 모른다. "내가 본 것만이 전부가 아닐지도 몰라." 이 생각 하나가 한 사람의 인생을 지켜주고, 한 관계의 숨통을 틔워주고, 우리 자신이 무너지는 것을 지켜줄 수도 있다.

오해는 삶을 낙인찍는다. 가족이라 해서, 연인이라 해서, 친구 간이라 해서 우리는 쉽게 '안다'고 생각한다. 그 '안다'는 믿음은 얼마나 자주 오해의 다른 이름이 되어왔는가. 진실은 복잡하다. 진실은 단순하지 않다. 감정은 겹겹이 휘감기며, 표정 너머엔 말하지 못한 내면이 숨어 있다. 우리는 누구도 온전히 알 수 없고, 안다고 말해서도 안 되는 존재들이다.

때로 사랑은 이해가 아니라, 이해하지 못함을 인정하는 태도에서 출발한다. 한 번만 멈췄더라면, 조금만 더 들어보았더라면. "혹시 아닐지도 몰라."라고 조용히 되뇌었더라면 달라졌을지도 모를 얼굴들이 있다.

그 침묵의 무게를 이제야 조금씩 짐작하게 된다. 사람을 이해한다는 것은 어떤 사실을 아는 일이 아니라, 다 알 수 없음을 받아들이는 일이다. 이 마음의 수용이 "혹시 아닐지도 몰라."라는 한마디를 낳는다. 언젠가 이 말 하나가, 우리의 관계를, 나 자신을, 삶 전체를 지켜줄지도 모른다. 이해는 지식이 아니라 '유보의 윤리'에서 시작된다. '유보의 윤리', 그것은 내가 지금 알고 있는 사실만으로 사람을 단정하지 않는 태도이다. 말보다 침묵이, 판단보다 기다림이 진실에 더 가까울 수 있다. 우리는 언제나 서로의 일부만을 보고, 그 일부를 전부로 오해하며 살아간다. 진실은 늘 보이지 않는 어둠 속 어딘가에 있다. 그래서 우리는 그 어둠 앞에 잠시 멈춰 서야 한다.

"혹시 그게 아닐지도 몰라."라는 말이 타인을 향해서도, 자기 자신을 향해서도 조심스레 건네는 최소한의 따뜻함이 되기를 바란다. 저마다의 어둠을 지나가는 이들에게 잠시 멈춰 서 쉴 수 있는 여백이 되었으면 한다.

제자리

집안이 순식간에 조용해졌다.

이른 아침, 큰아들은 신입사원 연수를 위해, 작은아들은 지방 출장을 위해 커다란 트렁크를 하나씩 챙겨 들고 현관문을 나섰다. 남편의 출근 배웅까지 마치고 난 후이다. 이제야 비로소 나만의 시간이 시작되었다.

엄마에게 살가운 표현 하나 없이 떠난 녀석들이지만, 비로소 두 아들 모두 직장인이 된 새해의 첫 출발에 콧노래가 절로 나온다. 이렇게 홀가분하고 뿌듯한 기분을 즐길 날이 오기를 얼마나 고대하며 살아왔던가.

찻잔을 들고 거실에 앉아 벽에 걸린 가족사진을 바라본다. 가운데에 앉아 있는 나의 미소가 오늘따라 한층 여유롭고 편안하게 느껴진다. 아무도 대신할 수 없는 나만의 자리, 지금까지 노심초사하며 열심히 지켜왔고 지켜가야 할 저 자리에, 주인인 내가 떡하니 앉아 있다. 인생이란 곧 기다림일 것이라는 버팀목 하나로 삼십 년 동안 지켜온 나의 자리가 아니던가.

집안일을 끝낸 후 혼자서 먹는 점심 식탁은 늘 조촐하다. 그러나 오이장아찌와 된장찌개 위에 오늘의 기분까지 얹어 먹는 밥맛이란 산해진미가 따로 없다. 새콤달콤하게 익어 아삭거리는 오이장아찌는, 입맛이 없을 때 밥도둑 노릇을 톡톡히 하는 우리 집의 단골 밑반찬이다. 연갈색의 오이장아찌를 바라보니 지난여름의 일이 떠오른다.

아침부터 요란스레 시작한 오이장아찌 담그기는 점심때가 되어서야 겨우 끝나가고 있었다. 마지막 과정에서, 가지런히 쌓아 놓은 오이 위에 양념한 간장물을 부어 넣을 때는, 무슨 의식이라도 행하는 양 자연스레 경건해졌다.

그런데 그만, 중요한 걸 놓칠 뻔했다. 장아찌에 하얀 골마지가 피지 않도록 누름돌로 오이를 꾹 눌러주어야만 비로소 작업이 마무리되는 것이다. 그러나 집안에는 이럴 때 쓸 만한 돌이 없었다. 난감했다. 뾰족한 수가 생각나지 않아 한동안 멍하게 서 있었다.

그래, 그곳으로 가보자. 시장바구니를 챙겨 가까운 시냇가로 나가보았다. 초여름의 시냇가는, 재잘거리며 흐르는 물소리와 이름

모를 들꽃들, 확 트인 하늘로 평소처럼 친근하게 나를 맞았다. 저녁을 먹고 해거름에 남편과 늘 걷기 운동을 하는 곳이기에, 어디쯤에서 어떤 풀꽃 향기와 만날 수 있는지, 장소에 따라 개울물 소리가 어떻게 변하는지, 나는 이곳의 은밀한 비밀을 모두 꿰고 있었다.

개울물은 아래로 아래로만 흐르며 자신의 몸을 온전히 자연의 순리에 내맡기고 있었다. 어느 시냇가에서나 볼 수 있는 편안하고 평범한 모습이지만, 나는 이 익숙한 풍경 속에서, 그동안 놓치고 있던 자연의 질서와 신비를 새삼스레 배워가고 있었다. 풀 한 포기, 돌멩이 하나, 작은 물고기 한 마리가 이렇게 아름다운 줄을 예전엔 왜 느끼지 못했던 것일까. 저녁때와는 또 다른 한낮의 풍경화 속을 천천히 걸으며 점점 그 아름다움에 빠져들다가, 오래 전에 읽었던 어느 작가의 글을 떠올렸다.

작가가 강가에서 우연히 오묘하게 생긴 돌 몇 개를 주워 와 책상 위에 올려놓고 며칠 동안 보고 즐겼다. 그런데 시간이 지날수록 왠지 그것들을 도둑질해 온 기분이 들어 찜찜했다. 아무래도 그 돌들을 원래의 주인에게 되돌려주어야 마음이 편할 것 같았다. 돌들을 싸 들고 다시 그 장소로 찾아간 그는 자국이 난 처음의 자리에 돌을 끼워 맞추면서 유심히 살펴보았다. 그런데 한 개도 예외 없이, 못생긴 면은 땅속을 향하고 있었고, 잘생긴 면은 하늘을 향하고 있었다. 그제야 그는 자연이 배치한 그 섬세한 질서에 경외심을 느꼈다.

 자연의 모습이란, 우주의 섭리에 따라 만들어지고 배치된 모자이크와 같이, 모래알 하나하나까지도 다 자기 고유의 자리가 있는 것이 아닐까. 시냇가에는 지천으로 돌들이 널려 있었지만, 내 목적을 위해 모자이크 작품에서 빼내도 될 만한 조각은 하나도 없었다. 모두가 자기 자리를 묵묵히 지키며 나의 수상쩍은 행동을 주시하고 있는 것만 같았다. 알 수 없는 위엄에 눌려 나는 슬그머니 나의 목적을 포기할 수밖에 없었다. 서둘러 집으로 발길을 돌리는 내게, 6월의 햇살은 유난히 따가웠다.

 집에 돌아와 한동안 인터넷을 검색해 본 후에야, 간장물에 소주를 부어 넣으면 누름돌로 눌러 놓지 않아도 골마지가 피지 않는다는 사실을 알아내고는, 오이장아찌 담그기를 겨우 마무리할 수가 있었다.

 각득기소各得其所, 모든 것이 그 있어야 할 자리에 있을 때, 비로소 조화와 아름다움이 완성된다는 뜻이다. 사람이든, 생물이든, 무생물이든…. 모든 것이 다 제자리에 있을 때 가장 아름다워 보이는 법이고, 균형과 조화가 이루어져 안정되어 보이는 법이다. 강가의 돌멩이 하나도, 길가의 시든 풀 한 포기도 모두 우주의 질서대로 그 자리를 지키고 있는 것이다. 그곳이 가장 안정되고 아름다운 그만의 자리이다. 우리 집 가족사진 속의 내 자리처럼.

기억되지 않을 선물

 어느 겨울날, 서울역 광장에 눈보라가 휘몰아치고 있었다. 얇은 옷차림의 노숙자가 오들오들 떨면서 한 중년 신사에게 다가갔다. "너무 추운데 따뜻한 커피 한 잔만 사 주실 수 있나요?" 말이 채 끝나기도 전에 신사는 점퍼를 벗어 그의 어깨에 걸쳐 주었다. 장갑도 벗어 주었다. 5만 원짜리 한 장도 꺼내 주었다. 그러고는 홀연히 사라졌다. 단지 커피 한 잔 값을 원했을 뿐인데…. 모든 이의 몸과 마음이 함께 얼어붙었던 혹한의 겨울, 이 장면은 TV를 통해 시청자들에게 깊은 감동과 따스한 희망을 안겨 주었다.
 '인간다움'과 '진정한 나눔'에 대해 사색에 잠길 때면, 나는 성자의 모습으로 우리 앞에 나타났다가 이내 사라진 그 신사를 떠올리곤 한다. 이튿날 그는 어쩌면 자신이 점퍼를 벗어준 사실조차 잊었을지도 모른다. 그것은 그저 몸에 밴 무의식적인 반응이었을 것이다. 그러나 오히려 그러한 '무심無心' 덕분에 그의 인간다움은 더욱 또렷해진다. 그는 계산도 망설임도 없었다. 그저 자신의 온기를 조용히 건넸을 뿐이다. '무엇을'보다 '어떻게'를 말없이 증명했고, 이름조차 남기지 않았기에 더욱 깊은 울림을 남겼다. 그날의 그 거룩한 장면이 지금도 내 사유의 한가운데에서 조용히 불을 지피고 있는 까닭이다.

그날의 신사가 보여준 행위는 전적으로 개인적인 선택이었지만, 문득 나는 그것이 제도나 관습으로 자리 잡은 사회를 생각해보게 되었다. 이탈리아에서는 커피 한 잔을 마시지 못한다는 것은 곧 인간다운 삶을 누리지 못한다는 것을 의미한다고 한다. 그들은 커피가 기호품이 아닌 필수품이요, 일상의 의식이자, 최소한의 인권이라 생각하기 때문이다. 그러한 이탈리아인들의 철학은 아름다운 기부 문화인 '카페 소스페소(Caffè Sospeso)'를 탄생시켰다.

카페 소스페소, 이탈리아어로 '맡겨둔 커피'라는 뜻의 이 말은, 누군가를 위해 자기 몫 외에 한 잔 값을 더 지불하고, 그것을 카페에 조용히 맡겨두는 행위이다. 카페 소스페소를 제공하는 카페에서는 값을 미리 치른 영수증을 담은 그릇을 눈에 띄는 곳에 두거나 유리창에 붙여둔다. 그러면 커피를 간절히 원하는 노숙자나

가난한 노인들이 카페에 들어와 이 영수증을 들고 바리스타에게 다가가 따뜻한 에스프레소 한 잔을 건네받는다. 그 한 잔은 추위와 허기를 달래어 그날 하루를 버티게 해주는 조용한 응원이 된다. 이 나눔에는 이름도, 얼굴도, 감사 인사도 없다. 누구도 그것을 기억해 달라고 요구하지 않는다. 하지만 그 작고 평범한 행위 속에는 인간 존엄에 대한 깊은 철학이 숨어 있다. "당신이 누구이든, 이 커피는 당신을 위해 준비된 것입니다."

그날의 장소가 서울역 광장이 아니라 나폴리의 골목 어귀였다면, 노숙자는 신사에게 다가서기까지 망설이지 않아도 되었을 것이고, 자존심을 다치는 일도 없었을 것이다. 카페 문을 열기만 해도 이미 그를 기다리고 있는 온기가 거기 있었을 테니까.

이러한 나눔의 정신은 '오른손이 한 일을 왼손이 모르게 하라.'는 성경 구절을 떠오르게 한다. 이 구절은 흔히 '남몰래 도우라'는 뜻으로 받아들여진다. 그러나 더 깊이 들여다보면, 그것은 '내가 했다는 의식조차 버리라'는 요청이기도 하다. 선한 행위가 의도나 기억마저 벗어날 때, 비로소 그것은 순수하고 고귀한 나눔이 될 수 있다는 뜻이다.

불가에도 이와 상통하는 '무주상보시無住相布施'라는 말이 있다. 이는 '내가', '무엇을', '누구에게' 베풀었다는 의식 없이, 오직 순수한 자비심에서 우러난 행위이다. 그 속에는 대가도 없고, 자랑도 없다. '무주상'이란 곧 어떤 소유에도, 행위의 흔적에도 머물지 않는다는 뜻이다. 내 것이 너에게 건네졌다는 자각도, 선의를 베풀었다는 의식도 내려놓는 것이다. 그런 자취 없음이야말로 그것이 본래부터 나의 것이 아니었고, 단지 내 삶의 한순간이 조용히 타인의 삶 속으로 스며든 것임을 말해 준다.

프랑스의 철학자 자크 데리다의 '진정한 선물은 없다'라는 철학적 역설 앞에서도 우리는 잠시 걸음을 멈추게 된다. 데리다에 의하면 누군가에게 무언가를 준다는 사실을 인식하는 순간, 그 행위는 이미 순수한 선물에서 멀어진다는 것이다. 주는 이는 자신도 모르게 도덕적 자긍심을 얻고, 받는 이는 은혜의 무게를 짊어지게 된다. 그래서 선물은 기억에 새겨지는 순간, 그 본래의 순수함을 잃고 보이지 않는 채권과 채무의 감정으로 변질된다. 데리다는 이러한 모순을 지적하면서도, 그럼에도 불구하고 선물을 시도하려는 행위 자체에 인간다움의 본질이 있다고 말한다. 순수한 선물은 불가능하지만, 그 불가능함을 감수하며 그것을 향해 나아가려는 윤리적 실천 자체에 인간이라는 존재의 품격이 깃들어 있다고 본 것이다.

나는 거울 속의 나에게 조용히 묻는다. 내가 미소와 함께 건넸던 선물들은 혹시 누군가의 기억에 남기를 바라며 건넨, 어쩌면 계산된 따뜻함은 아니었을까? 나누었다는 사실을 잊지 못한 채,

그 따뜻함을 타인에게 빚으로 남기려 했던 것은 아닐까? 나도 모르게 그의 마음 한구석에 '당신에게 주었소'라는 표식을 남겨 두려 했던 것은 아닐까?

서울역 광장의 신사는 아무것도 바라지 않았다. 그저 몸에 밴 대로 행했을 뿐이다. 그리하여 자신이 건넨 온기조차 마음에 남지 않았을 것이다. 그것은 어떤 의무도, 조건도, 되갚음도 요구하지 않는 무주상의 선물이었기 때문이다.

선물(나눔)은 남기려는 마음에서가 아니라, 그 신사처럼 남기지 않으려는 마음에서 비롯되어야 한다. 누군가의 삶에 고요히 스며들어, 이내 흔적 없이 사라지는 따뜻함이어야 한다. 그것이야말로 인간이 지닌 가장 아름다운 품격이 자연스레 드러나는, 조용한 나눔의 방식이다.

명지휘자를 기다리며

'금방 찬물로 세수를 한 스물한 살 청신한 얼굴', 마침내 5월이 열렸다.

올해는 평생을 5월처럼 살다 간 금아 피천득 선생의 10주기가 되는 해이다. 선생은 1910년 5월에 태어나 97년간 세상을 사랑하고 2007년 5월 땅에 묻혔으니, 선생과 5월은 예사 인연이 아닌 듯하다. 금아 선생의 숨결이 다시 살아나는 5월, 그런데 〈오월〉이나 〈장미〉처럼 선생의 상큼한 작품들보다는 묵직한(적어도 내게는) 〈플루트 연주자〉의 문장들이 가슴에 더 와닿는다. 이른바 '장미대선'[1]을 코앞에 두고 있기 때문일 것이다.

---

1) 장미대선: 기존의 대통령선거가 12월에 치러졌던 반면, 2017년 제19대 대통령선거는 '대통령 궐위'라는 상황에서 장미꽃이 피는 달인 5월에 치러지면서 붙여진 이름.

〈플루트 연주자〉는 오케스트라에서 눈에 잘 띄지 않는 플루트 연주자가 전체의 조화를 위해 자신의 역할에 충실하듯, 우리도 각자의 직분에 충실해야 한다는 교훈적 메시지를 담고 있다. 금아 선생의 작품 세계는 일상은 있되, 현실은 없다는 것이 일반적인 견해이다. 서정성, 감성, 아름다움, 소소함 정도여서 사회성이나 역사성과는 거리가 멀다는 것이다. 그러나 〈플루트 연주자〉만을 놓고 볼 때는, 그렇게 자동화된 세상의 반응들이 약간은 오해와 편견은 아닌가 하는 의구심을 갖게 한다. 작가의 성향에 가려져 눈에 잘 띄지 않을 뿐, 소극적이나마 작가의 참여의식이 엿보이는 작품이기 때문이다.

  바통을 든 오케스트라의 지휘자는 찬란한 존재다. 토스카니니 같은 지휘자 밑에서 플루트를 분다는 것은 또 얼마나 영광스러운 일인가. 그러나 다 지휘자가 될 수는 없는 것이다. 다 콘서트마스터가 될 수도 없는 것이다. (첫 문단)
  어렸을 때 나는, 공책에 줄 치는 작은 자로 교향악단을 지휘한 일이 있었다. 그러나 그 후 지휘자가 되겠다는 생각을 해 본 적은 없다. 토스카니니가 아니라도 어떤 존경받는 지휘자 밑에서 무명無名의 플루트 연주자가 되고 싶은 때는 가끔 있었다. (마지막 문단)

첫 문단과 마지막 문단에서 작가가 반복적으로 '존경받는(토스카니니 같은) 지휘자' 이야기를 하고 있음을 눈여겨보라. '각자의 직분에 충실히 임하자.'는 표층적 주제일 뿐, 교묘하게 매복시켜 둔 '존경할 만한 지도자에 대한 갈망'이라는 심층적 메시지가 궁극적인 집필 의도임을 눈치챌 수 있다. 문학이 시대의 반영물이라면, 1969년에 발표한 이 글을 통해 작가는 지도자가 나라를 잘못 이끌고 있다는 말을 간접적으로 흘리고 있는 것처럼 보인다.

사회적·역사적 문제가 제기될 때 지식인의 반응은 세 가지로 나타난다. 첫 번째는 직접적·적극적 참여이다. 문인의 경우는 이 문제에 대한 자기사상을 직접 글을 통해서 표현하거나, 촛불을 들고 거리로 나가는 것이다. 두 번째는 침묵하는 것이다. 세 번째는 직접 참여하지 않더라도 글을 통해 간접적인 방법으로 자기의식을 표출하는 것이다. 이 작품은 유신체제 하의 사회참여적 수필인 김태길의 〈대열〉과 함께 세 번째에 속한다고 할 수 있다.

선생은 언젠가 TV 대담에서, "과거에 저항 운동을 해야 할 때가 여러 번 있었지만, 뒷골목으로 다니면서 한숨이나 쉬고 한 것을 한스럽게 여긴다."고 고백한 적이 있다. 일제강점기, 의식은 있었으나 속만 태우고 침묵으로 일관했던 선생이, 이즈음에 이르러서는 행간 은밀한 곳에서나마 불온한(?) 속내를 표출한 점은, 나름 평가할 만한 변화라 할 수 있을 것이다.

고등학교 문학 시간에는 〈플루트 연주자〉와 연계하여 다루게 되는 시가가 있다. 바로 〈안민가安民歌〉이다. 〈안민가〉는 신라 경덕왕 때, 천재지변으로 민생이 도탄에 빠지고, 귀족들이 왕권을 위협하는 등, 나라의 공적 질서가 무너지던 시기의 향가이다. 경덕왕이 이 위기를 극복하고자 시승詩僧 충담에게 치국의 도를 묻는다. 이에 충담은 군君, 신臣, 민民의 관계를 가족 관계에 비유하며 끝 구절에서 '임금은 임금답게 신하는 신하답게 백성은 백성답게 하면 나라가 평안할 것입니다.'라고 충간한다. 〈플루트 연주자〉의 표층적 메시지와 일맥상통하는 내용이지만, 사실상 충담은 공자의 정명론(正名論: 君君臣臣父父子子 임금은 임금다워야 하고 ~)을 들어 임금과 신하의 도리를 특별히 강조하고 있다.

수업 시간에 여유가 있으면 여기에서 좀 더 나아가 보기도 한다. 자기의 지위에 맞는 역할을 해야 한다는 공자의 정명론은, 후에 민본주의를 근간으로 한 맹자의 역성혁명론으로 이어지는데, 이것은 임금이 임금답지 못하면 백성들이 임금을 바꾸어야 한다는 이론이다. 맹자의 역성혁명론은 이후 유럽으로 전파되어 폭군방벌론을 거쳐 로크의 저항권 사상으로 발전하게 된다. 로크의 저항권 사상이 미국의 독립전쟁과 프랑스혁명의 이념적 기초가 되었음은 널리 알려진 사실이다. 〈안민가〉를 통해 들여다본 동서양의 사상들이 지금 나라 안의 정치적 상황을 정확히 예측하고 충고한 것만 같아 모골이 송연해진다.

  안팎이 '하 수상한 시절'이다. 밖으로는 우리의 운명을 두고 다른 이들이 흥정을 벌이고 있고, 안으로는 선장 없는 배가 만 가지 목소리를 싣고 방향을 잃은 채 표류하고 있다. 아름다운 계절, 아름다운 이름으로 치러지는 선거를 통해 〈플루트 연주자〉나 〈안민가〉 속에서 염원하는 지도자가 정말로 등장해주기를 간절히 꿈꿔 본다. 비록 그것이 장밋빛 꿈일지라도.

(2017.5.1)

'갈 수 없는 섬'의 아틀란티시아

남대서양의 영국령 트리스탄 다 쿠냐(Tristan da Cunha) 제도에는 케이크처럼 생긴 화산섬이 하나 있다. 무인도인 이 섬의 넓이는 14㎢밖에 되지 않아, 걸어서 10분이면 횡단할 수 있을 정도다. 지구상에서 가장 고립된 섬 중 하나인 이곳은, 남아프리카공화국이나 아르헨티나에서 배를 타고 쉼 없이 가도 8일이나 걸린다. 섬 전체가 수직의 절벽으로 둘러싸여 있기 때문에 '인액세서블 아일랜드(Inaccessible Island)'라는 이름이 붙여졌는데, '갈 수 없는 섬' 또는 '접근할 수 없는 섬'이라는 뜻이다.

이 절해고도에 '아틀란티시아(Atlantisia)'라고 하는 뜸부기가 산다. 바닷속으로 사라져 버렸다는 전설 속의 아틀란티스 대륙에서 살아남은 새일 것이라는 상상력에서 유래한 이름이다. 아틀란티시아가 처음 '갈 수 없는 섬'에 도착했을 때, 알맞은 기후에다 초원엔 먹이가 지천이고 천적도 없어, 서식하기에 더없이 적합했다. 아틀란티시아는 더 이상 생존을 위한 날갯짓이 필요 없었다. 이 새는 가뜩이나 잘 날지 않는 뜸부깃과에 속하는 데다, 힘들게 날아다닐 이유까지 없어지자, 날개가 점점 작아지더니 아예 '날지 않는 새'가 되고 말았다.

나에게는 유치원에 다니는 다섯 살짜리 손자가 하나 있다. 손자는 실물이든 장난감이든 '소방차'에 대한 사랑이 좀 유별나다. 제 아빠도 그만할 때 소방차를 굉장히 좋아하여 이다음에 소방관이 되겠다고 큰소리치곤 하더니, 손자는 한술 더 뜬다. 소방차와 결혼하겠단다. 그런 아이가 소방차 때문에 유치원에서 몹시 가슴 아픈 일을 겪었다. 선생님과 손자가 들려준 이야기를 꿰어보면 이렇다.

월요일 아침, 같은 반 친구들이 모두 빙 둘러앉아 지난 주말을 어떻게 보냈는지 돌아가며 이야기를 나누는 시간이었다. 손자의 차례가 되자, 전날 엄마·아빠랑 소방서를 지나다가 처음으로 노란 소방차를 보았던 일을 자랑스레 이야기했다.

"난 어제 노란 소방차를 봤는데, 엄청 컸어!"

그러자 여기저기서 소리를 질러댔다.

"에이, 거짓말! 노란 소방차가 어딨어?"
"바보야, 소방차는 빨간색이지."

손자는 화가 났다. 진짜로 노란 소방차를 보았다커니, 노란 소방차는 없다커니…. 선생님도 노란 소방차는 본 적이 없기 때문에 손자의 편을 들어주지 못했다. 친구들의 기세에 눌린 손자는 입을 꾹 다물 수밖에 없었다. 바보, 거짓말쟁이로 낙인찍힌 채로.

저녁때 유치원에서 있었던 일을 알게 된 가족들은 속이 몹시 상했다. 밤새 심란해하던 제 아빠가 이튿날 자식의 명예회복을 위해 '분연히' 나섰다. 아이가 노란 소방차 앞에서 찍은 사진을 선생님의 휴대전화로 전송하고, 컴퓨터에서 노란 소방차 외에도 외국의 흰색, 분홍색, 하늘색, 연두색, 초록색 소방차 사진들까지 여러 장을 출력하였다. 그리고 노란 소방차는 '화학소방차'로 불리는데, 화학물질이나 유류로 인한 화재 때 화학약품으로 불을 끄는 소방차라는 선생님용 자료도 함께 아이의 손에 들려 보냈다. 저녁에 아이에게 소방차 이야기를 물어본 가족들은 전날보다 더 크게 낙심했다. 선생님이 여러 색깔의 소방차 사진을 보여주며 큰 소방서에 가면 노란 소방차도 볼 수 있다고 가르쳐 주었으나, 친구들은 여전히 똑같은 말을 했다고 했다.

"그래도 빨간 소방차가 진짜야."

손자의 명예회복은 이루어지지 않았다.

나는 유아기 천진무구한 어린이들의 세계에서 일어날 수 있는 일이라 여기고, 그 일이 손자의 기억 속 큰 상처로 남지 않기만을 바라며 애써 잊기로 했다. 그러나 쓰린 가슴은 나 역시 어쩔 수가 없었다. 거기에다 손자를 바보, 거짓말쟁이로 만든 아이들 틈에 어른 한 명도 합세하여 함께 낄낄거렸었다는 깨달음에까지 이르자, 착잡함과 무참함이 뒤엉킨 가슴앓이는 오래도록 내 안을 휘젓고 다녔다.

　알고 보니, 아이들 속의 그는 고정관념이라는 좁고 견고한 성안에 자신을 가둔 채 홀로 살아가고 있는 사람이었다. 사고의 날개는 오래전에 퇴화했고, 진실을 향한 창을 여는 법도 몰랐으며, 그 무지가 누군가에겐 상처가 될 수 있다는 사실조차 알지 못했다. 제 몸에 날개가 있되 그것이 무엇에 쓰는 것인 줄도 몰랐고, 하늘 높이 날아오르면 더 넓은 세상이 보인다는 것은 더욱 몰랐으며, '날지 않는 새'의 의미는 더더욱 모르는 사람이었다. 오로지 제가 사는 '갈 수 없는 섬'이 세상의 전부이며, 제가 서 있는 자리가 세상의 중심쯤 된다고 믿으며 안주하고 있었다. 그 날지 않는 새, 아틀란티시아는 다름 아닌 나 자신이었다.

오빠라고 불러 다오

　나는 1960년대 초등학생 시절부터 수업 시간에 군가를 배우고, 국군장병에게 단체로 위문편지를 써야 했던 전후 세대이다. 6·25전쟁의 상흔이 채 가시지 않은 데다, 우리나라가 월남전(베트남전)에 국군을 파병하고 있던 때여서, 애국심을 모으고, 국군의 사기를 진작시키는 일에 학생들이 동원되는 일이 많았다. 우리는 체육 시간이나 운동회, 등하교 때면 파월부대였던 청룡·맹호·백마부대 등의 군가를 부르며 행진했다. 저학년 때부터 '무찌르고 싸워 이겨', '총칼에 담고', '원수를 친다' 등등, 동심과는 동떨어진 군가를, 목청을 돋우며 불러대곤 했다.
　3학년 겨울 음악 시간이었다. 선생님이 풍금을 치시며 우리나라에서 맨 처음 월남전쟁에 참여했다는 청룡부대의 군가를 가르쳐 주셨다. 선생님이 마지막 소절 '삼군의 앞장서서 청룡은 간다.'를 선창으로 끝내시더니, 갑자기 우리에게 물으셨다.
"얘들아, 그런데 '삼군'이 무슨 뜻이지?"
"……."
나는 떠오르는 답이 있었지만, 혹시 틀리면 어쩌나 해서 망설이고 있었다. 무거운 침묵이 흘렀다. 선생님이 재차 물으셨다. 역시나 조용했다. 침묵이 길어지자, 선생님의 표정은 일그러져 갔고, 열 살 어린이들은 긴장하기 시작했다. 선생님이 풍금 의자에서 벌떡 일어나시더니, 몹시 화난 목소리로 말씀하셨다.
"아니, '삼군'이 무슨 뜻일지 생각들을 좀 해 봐, 생각들을."
교실 안은 살얼음판 같았다. 숨 막히는 시간을 견디다 못한 내가 두근거리는 가슴을 누르고 드디어 용기를 냈다.
"육군, 해군, 공군."
선생님의 표정이 환해졌고, 나에게는 큰 박수가 쏟아졌다. 선생님이 화를 푸셨다는 안도감과 함께, 아무도 모르는 것을 나 혼자만 맞혔다는 것에 하늘 높이 솟아오른 것만 같았다. 대단한 사람이라도 된 양, 그날은 친구들 앞에서 우쭐거리기도 했다.
4학년 때였다. 수업 시간에 파월장병에게 보내는 위문편지를 쓰게 되었다. 어느 날 교무실에서 신문을 가져오신 선생님은 신문에 난 장병들의 이름을 한 사람에 한 명씩 짝 지워 주시며 위문편지를 쓰라고 하셨다. 그런데 선생님은 마지막에 남은 한 사람의 이름을 나와 내 짝인 영애에게도 주셨다. 한 명의 아저씨에게 둘이서 같이 편지를 보내게 된 것이다. 영애는 나와 제일 친한 친구이긴 하지만, 은근한 경쟁심을 느끼는 사이기도 했다. 영애는 한석봉처럼 글씨도 잘 쓰고, 글짓기는 물론 성적도 뛰어났으며, 무엇보다 마음씨가 비단 같아 모두가 좋아하는 아이였다. 혹시 영애에게만 답장이 오고, 나에게는 오지 않으면 어쩌지? 그것처럼 자존심 상하고 창피한 일도 없을 것 같았다.

얼마 후 걱정과는 달리 월남의 장병 아저씨는 나와 영애에게 똑같이 답장을 보내왔다. 아저씨가 베트콩을 맨손으로 때려잡았다는 이야기와 '아오자이'라는 흰옷을 입은 여자들이 바나나 나무 아래에서 자전거를 타고 찍은 사진, 월남말로 대통령을 '똥통'이라고 한다는 것 등등, 편지봉투 속에서는 신기하고 흥미진진한 것들이 쏟아져 나왔다. 답장을 받은 사람은 우리 반에서 서너 명밖에 없었으므로, 나는 반 친구들에게 답장 속 월남 이야기들을 자랑스레 전해 주었다. 그러나 영애도 나와 그런 즐거움을 똑같이 나누어야 한다는 것은 그다지 유쾌하지 않았다.

위문편지를 주고받으며 나는 장병 아저씨가 점점 친근하게 느껴졌고, 어느덧 편지지 한 장을 훌쩍 넘겨서 쓸 정도로, 우리 사이에는 할 얘기가 늘어가고 있었다. 그런데 그 무렵 전혀 상상하지도 못 한 사건이 터져 버렸다. 내가 영애 앞으로 온 아저씨의 편지를 우연히 들여다보게 된 것이다.

"…앞으로는 나에게 아저씨라고 부르지 말고, 오빠라고 불러다오."

내 눈을 의심했다. 내 편지에는 그런 말이 없었다. '아저씨'는 먼 친척 같은 느낌이지만, '오빠'라는 말은 '친오빠'처럼 아주 가까운 사이에서나 쓰는 말이 아닌가? 갑자기 온몸에서 기운이 쑥 빠져나가는 듯했다. 여태 아저씨가 영애보다 나를 더 귀여워하는 줄만 알았는데, 알고 보니 그 반대였다. 무언가가 내 안에서 와르르 무너지는 기분이었다. 그때까지 내가 항상 최고여야 하고, 제일 많이 사랑받아야 한다고 굳게 믿었던 마음은 처참하게 흔들렸다. 내 모습이 이렇게 초라하게 느껴지기는 처음이었다. 아무렇지도 않은 듯 영애 앞에서 태연한 척하는 일이 여간 힘들지 않았다.

그날의 충격은 한동안 나를 말수 없는 아이로 만들었다. 이름 붙일 수 없는 감정이 마음 깊은 곳에 엉켜 있었다. 서운함과 부끄러움, 질투 같은 감정이 한꺼번에 밀려왔고, 그것들을 누구에게도 털어놓을 수 없다는 사실은 더 큰 아픔이었다.

나는 작아진 나를 받아들이기 힘들었다. 말없이 그 시절을 통과해야 했고, 그 침묵 속에서 나는 나도 모르는 사이에 조금씩 자라고 있었다. 내 안에서 무너졌던 그 무엇은 시간이 지나면서 다시 천천히, 그러나 다르게 쌓여 가면서 나를 무너뜨리기보다 오히려 조금씩 자라게 했다. '삼군사건' 당시 유아독존의 유리방 안에 갇혀 있던 나의 자의식은, '오빠사건'을 거치며 차츰 외부의 세계와 상처의 언어를 배우기 시작했다. 동요를 부르던 아이가 군가를 외우고, 동시를 써야 할 손으로 위문편지를 써야 했던 그 척박한 시절에도, 내 안의 어린나무는 멈추지 않고 자라고 있었다.

돌아보면, 유년기의 그 작고 서툰 사건들은 이제 내 안에서 부끄러운 흔적이 아니라, 한 사람을 어른스럽게 만든 뿌리로 남아 있다. 나는 여전히 그때의 나를 기억하며 조용히 내게 묻는다.

"그때 너는 몹시 아팠지? 그래도 결국, 이만큼 자라났구나."

유리벽 너머의 관람객

쓰러지면 어쩌나.

기울어진 폐지 더미가 피사의 사탑처럼 아슬아슬하다. 한 노인이 폐지수레를 밀며 골목길 가로등 불빛 아래를 지나가고 있다. 땀에 젖어 몸에 달라붙은 셔츠 때문인지 앙상한 어깨뼈가 유난히 도드라져 보인다. 폐지를 줍는 노인들은 왜 하나같이 어린아이처럼 작아 보이는 것일까. 거대한 폐지 더미가 금방이라도 노인을 덮칠 것 같은 풍경이, 오래전 동물원에서 겪은 한 장면을 떠올리게 한다.

이십 년 전, 동물원 왕뱀 우리 앞에서 있었던 일이다. 왕뱀 우리 안을 들여다보는 기분은 어쩐지 으스스했다. 조심스레 이리저리 살피다가, 한쪽 구석에서 몸길이가 4미터가량 되는 왕뱀을 발견한 나는 그 크기에 놀라 입을 다물 수가 없었다. 그런데 더욱 놀라운 것은, 털이 축축하게 젖은 흰쥐 한 마리가 왕뱀의 바로 앞 돌덩이 틈새에서 웅크린 채 떨고 있는 모습이었다. 필시, 사육사가 물 묻은 고무장갑을 낀 채 '왕뱀의 먹이'를 아무렇게나 던져 넣은 것이리라. 충격적이었다.

 출구가 막힌 좁은 우리 안, 숨소리조차 닿을 듯 가까이 있는 두 존재, 왕뱀과 흰쥐.

 거대한 천적 곁에서 떨고 있는 '한 입 먹잇감', 그 모습은 말 그대로 비참함이었다. 죽음의 공포에 떨고 있는 약자 곁에서, 천연덕스럽게 잠들 수 있는 냉혈동물의 비정함에 소름이 돋았다. 흰쥐를 구해낼 방법은 없을까? 기적이라도 일어나면 좋으련만.

 가련한 생명을 위해 내가 할 수 있는 일은 아무것도 없었다. 유리벽 안은 엄연한 생태계였고, 나는 그저 유리벽 밖의 관람객일 뿐이었다. 도망치듯 되돌아 나오는 발뒤꿈치에 무언가가 묵직하게 매달려 따라오는 것만 같았다.

 바람 한 점 없는 골목 안이 몹시 후텁지근하다. 왕뱀의 창자 속처럼 구불구불하고 캄캄한 골목길에 노인을 남겨둔 채, 무심한 세상은 벌써 잠자리에 들었는지 고요하기만 하다. 유리벽 너머의 흰쥐를 구경하듯 노인을 바라보고 있는 나 역시, 잠시 후 발길을 돌려, 아무 일도 없었던 듯 가던 길을 걸어가겠지. 자칫 쓰러질

듯 기울어진 폐지 더미와 노인의 앙상한 어깨뼈, 아이처럼 자그마한 체구를 골목길에 남겨둔 채.

 이십 년 전, 유리벽 너머의 흰쥐를 바라보던 나는, 지금도 여전히 그렇게 골목 어귀의 노인을 바라만 보고 있다. 바라보기만 할 뿐, 아무것도 하지 못한 채로.

<마지막 수업>은 감동적인가

　알퐁스 도데의 소설 <마지막 수업>에 숨겨진 진실에 대한 의구심은 오랫동안 내 안에 남아 있던 숙제였다. 알자스가 '민족과 언어의 관계'를 둘러싼 대표적인 사례로 언급된다는 사실을 알게 된 후부터였다. 알자스는 오랜 세월 게르만족이 살아온 지역으로, 독일어를 쓰면서도 스스로 프랑스 국민이라 인식해 온 공간이다. 1900년을 전후하여 유럽에서는 '민족국가'가 중요한 화두였고, 민족을 어떻게 분류하느냐에 대해 많은 논란이 일었는데, 독일과 프랑스라는 라이벌의 정체성을 동시에 갖고 있던 알자스가 그 논쟁의 중심에 서게 된 것이다. 그런데 '알자스'라면 우리에게 너무도 익숙한 <마지막 수업>의 공간적 배경이 아닌가.

"한 민족이 남의 나라 노예가 된다고 하더라도, 자기네 언어를 굳건히 지키고만 있으면, 감옥의 열쇠를 쥐고 있는 것과 같습니다." … … 그러고는 마지막으로 칠판 위에 큼지막하게 쓰셨다. '프랑스 만세(Vive la France)!' - 〈마지막 수업〉 중에서

감수성이 풍부했던 학창 시절, 우리는 아멜 선생님의 비통한 어조와 프랑스인의 슬픔이 깃든 그 말을 외우듯 익혔다. 일제의 식민통치를 겪은 우리에게 이 이야기는 자연스레 저항의 서사로 읽혔다. 더구나 〈마지막 수업〉의 작가가 〈별〉의 작가 알퐁스 도데라는 사실은 그 감동을 배가시키기에 충분했다. 그런데 우리는 〈마지막 수업〉을 제대로 읽어온 것일까? 혹시 이 작품이 감동 뒤에 감춰진 왜곡된 명작이라면?

〈마지막 수업〉이 쓰인 시대적 상황은 유럽의 최강국 프랑스가 보불전쟁(1870-1871 프로이센-프랑스 전쟁)에서 프로이센에 대패하여 자존심에 심각한 타격을 입었던 때이다. 대혁명과 나폴레옹을 겪으며 '위대한 프랑스'에 취해 있던 프랑스는 충격과 분노에 휩싸여 프로이센을 향한 증오심을 불태우고 있었다. 프랑스 문단 역시 반프로이센 정서가 짙게 퍼졌고, 그로 인한 자문화 우월주의와 국수주의 광풍이 휘몰아쳤다. 이때, 보불전쟁에 직접 참전했던 왕당파이자 극우 민족주의자 알퐁스 도데는, 이러한 사

회 분위기를 반영한 〈마지막 수업〉을 발표했다.

　독일과 프랑스가 분쟁을 거듭해 왔던 알자스·로렌 지역, 특히 알자스 지역은, 게르만족의 대이동 이전 시대부터 이미 게르만족 계열의 민족이 살던 영토로, 독일어(독일어의 방언인 알자스어)를 사용했다. 역사적으로 이 지역은 프랑크왕국, 동프랑크왕국, 독일왕국을 거쳐 신성로마제국의 영토였다. 그러던 중 절대왕정의 프랑스가 이 지역에 야심을 드러내자, 신성로마제국은 프랑스와의 충돌을 피하고자 알자스·로렌을 할양하게 된다. 이후 프랑스는 지속적으로 주민들의 독일어 사용을 억제하고 프랑스어를 강요하며 언어적인 동화를 꾀했다. 알자스보다 먼저 프랑스에 합병된 로렌 지역은 결국 프랑스화 되었지만, 알자스는 프랑스에 강제 합병된 지 100여 년이 지난 작중 시점에도 좀처럼 자신들의 모어인 알자스어를 잃지 않고 있었다.

　정말로 주민들이 프랑스어를 모어로 써왔다면, 우체부 아저씨와 옛날 면장님까지 아멜 선생님의 마지막 수업에 참관해서 어린아이들과 함께 프랑스어를 한 글자 한 글자 더듬거리며 따라 읽었을 리가 없다. 주인공의 이름 역시 프랑스식인 '프랑수아(François)'가 아니고, 독일식인 '프란츠(Franz)'이다. 이는 당시 알자스 지역 사람들 대부분이 독일식 이름을 사용하고 있었다는 것과 오늘날까지도 주민 다수가 알자스어를 능통하게 사용한다는 사실과도 부합한다.

더구나 아멜 선생님의 '언어는 감옥의 열쇠'라는 말은 시인 프레데리크 미스트랄의 시에서 따온 것이지만, 원문과는 정반대의 맥락으로 사용되었다. 미스트랄은 중앙집권화된 프랑스어에 저항하며, 프로방스어의 독립성과 가치를 지키려 했던 인물이다. 그러나 알퐁스 도데는 이 구절을 프랑스어를 옹호하는 말처럼 바꾸어 사용했다. 이는 언어와 민족을 동일시한 작가가 알자스 주민들이 원래 프랑스어를 모어로 사용했다는 인상을 독자에게 심기 위한 의도적 장치였다.

〈마지막 수업〉의 진실은, 프랑스가 패전함으로써 알자스를 떠나게 되었고, 독일계 주민들이 자신들의 언어를 되찾게 되었으며, 아멜 선생님은 식민주의 교사이자 모어 말살 정책의 첨병이라는 데에 있다. 즉, 알자스어를 모어로 쓰는 주민들에게 프랑스어를 점령 기간 동안 프랑스어를 국어로 강요했는데, 더 이상 강요하지 못하게 된 것이다. 아멜 선생님의 말을 우리 역사에 대입해 보면, "이제까지 조선을 점령하고 일본어를 강요해 왔지만, 패전으로 더는 일본어를 가르칠 수 없습니다. 내일부터는 조선어 선생님이 옵니다. 일본 만세!"라는 말이 된다. 우리가 감동했던 그 이야기와는 정반대의 진실이다.

이 작품이 비판받는 이유는, 주민 대부분이 프랑스어를 모르는 독일계였다는 것을 작가가 알면서도, 의도적으로 진실을 왜곡했다는 데서 기인한다. 작가는 실제 알자스 지역 주민들의 언어 및 민족의식과는 다르게, 일방적으로 파리 중심의 프랑스 극우 민족주의적 입장에서 독자들을 오도한 셈이다. 이런 이유로, 일본에서는 양식 있는 역사학자들의 노력으로, 1970년대 초에 〈마지막 수업〉을 교과서에서 제외했지만, 한국에서는 1989년에야 너무 장기간 실었다는 이유로 제외했다.

문학은 외롭게 진실을 발굴하는 지성의 작업이다. 현실에서 가려지거나 외면된 진실을 드러내는 일, 그것이 문학이 감당해야 할 소임이다. 드레퓌스 사건 당시, 에밀 졸라는 당대 최고의 작가라는 명예를 내려놓고 〈나는 고발한다〉를 통해 진실의 편에 섰다. 국익을 해쳤다는 이유로 매국노라 비난받고, 신변의 위협을 감수한 행동이었다. 〈나는 고발한다〉는 '국익'과 '진실' 사이에서 진실을 택한 선언이었다. 그것은 민족주의적 감정을 자극하며 진실을 외면한 〈마지막 수업〉과 극명하게 대비된다. 아이러니하게도, 여행에서 돌아온 에밀 졸라에게 드레퓌스 사건을 맨 처음 알려 준 이는 바로 친구인 알퐁스 도데였다.

문학은 진실 앞에서 겸허해야 한다. 민족 감정이나 국가 이익에 기대어 역사를 미화하는 순간, 문학은 감동이라는 외피를 쓴 선전물이 된다. 〈마지막 수업〉은 그 자체로는 감동적일지 모르나,

그 감동 속에는 은밀한 민족주의적 서사 전략이 숨어 있다.

　진정한 문학은, 감동을 빚어내기보다 진실을 비춰야 한다. 감동은 진실 위에 놓일 때, 비로소 오래 지속되고 깊이 스민다. 우리는 지금, 어떤 감동 앞에 서 있는가? 그리고 그 감동은 진실 위에 놓여 있는가, 아니면 그 진실을 덮고 있는가?

금아 선생의 소이부답

"그것은 소설이야. 허구라니까!"

입 밖으로 튀어나올 뻔한 말을 나는 가까스로 참았다. 봄 하늘 종달새처럼 한껏 솟아오른 친구들의 기분에 찬물을 끼얹고 싶지 않아서였다. K의 생일을 맞아 우리는 벚꽃이 만발한 반포천변 '피천득 산책로'에서 한창 분위기를 돋우고 있었다. 마침 '금방 찬물로 세수를 한 스물한 살 청신한 얼굴'을 한 날씨까지 서둘러 달려와 우리와 동참해 주었다.

벚꽃 터널 곳곳에서 만나는 금아 선생의 싱그러운 시와 수필들을 우리는 학창 시절 국어 시간에 그랬던 것처럼 소리 맞추어 낭독했다. 독자에게 이런 즐거움을 안겨주기 위해 선생은 수필 문장 하나하나에까지 시적 운율을 데려다 앉히셨구나! 문장은 간결

했고, 흐름은 유려했다. 입안에서 상큼하게 울리는 참신한 언어들이 경쾌하게 맞아떨어져, 우리는 어느새 그 소리에 스스로 취해 있었다.

그런데 산책로 중간쯤에 설치된 수필집《인연》의 조형물 앞에 이르자 나의 속내가 조금씩 가라앉기 시작했다. "《인연》책 모양 전체가 나오게 찍어 줘." K가 조형물 안에 있는 금아 선생의 아담한 좌상에 바싹 다가앉아 포즈를 취하며 S에게 부탁했다. "오케이!" 자기네 동네로 우리를 초대한 S도 신이 나 있었다. 저 둘은 〈인연〉의 진실을 아직 모르고 있음이 분명했다. '〈인연〉은 사실 수필이 아니고 소설이야.'라는 말이 혀끝에서 맴돌았지만, 나는 끝내 입 밖에 내지 않았다. 꽃그늘 아래서 금아 선생과의 시간을 마음껏 누리고 싶어 하는 친구들을 위해 나는 그 말을 훗날로 미루었다. 그리고 몇 해가 흐른 지금까지 나는 그 말을 하지 못하고 있다. 감동의 흐름을 막고 싶지 않았고, 또 한편으론 그 순간 진실을 꺼낸다는 것이 마치 선생의 침묵을 깨트리는 일처럼 느껴졌기 때문인지도 모른다.

실제로 〈인연〉은 오랫동안 작가의 체험담으로 오해되어 왔다. 그러나 작품 속 인물 '나'는 작가 자신이 아니라 허구의 인물이며, 이는 금아 선생의 생애 기록과도 일치하지 않는다. 다시 말해, 〈인연〉은 '그럴듯하게 꾸며낸' 소설이다. 선생의 수제자였던 고 석

경징 교수가 2011년 한 일간지와의 인터뷰에서 그 경위를 밝혔다. 1959년 《금아 시문선》을 출간할 당시, 출판사가 시를 제외한 모든 산문류를 편의상 '수필'로 분류하면서 〈인연〉도 다른 단편 소설들과 함께 수필로 편집되었고, 그 상태로 정착되었다는 것이다. 그는 당시 원고 교정을 맡으며 출판의 전 과정을 직접 지켜본 인물이었고, 생전에도 〈인연〉은 반드시 소설로 바로잡아야 한다고 강조해 온 학자였다.

　선생이 타계하기 몇 해 전 그가 직접 "선생님, 이제라도 〈인연〉을 소설로 바로잡아야 하지 않겠습니까?"라고 했을 때, 선생은 소이부답笑而不答, 그뿐이었다고 했다. 그리고 선생은 멀리 떠났다. 그 침묵의 의미는 무엇이었을까. 말이 아니라 '말하지 않음'으로 남긴 작가의 태도 앞에서 나는 오늘도 궁금해진다. 작가는 진실을 밝혀야 하는가? 아니면, 때로는 그 진실보다 더 소중한 감동을 보존해야 하는가? 선생의 그 침묵 위에 쌓인 독자의 감동과 문단에서의 권위는 어느덧 돌이킬 수 없이 견고한 실체가 되었다. 나는 다시 생각에 잠긴다. 어쩌면 선생은 '내가 쓴 글'보다 '네가 읽은 글'이 더 오래 살아남기를 바랐던 사람, 진실을 밝히기보다 감동이 피어나길 더 원했던 사람이었는지도 모른다.

　플라톤은 《국가》에서 "시는 진리에서 세 걸음이나 떨어져 있다"라고 말한다. 그는 시인들이 진리를 가장한 허상을 만든다고 보았고, 그래서 그들을 철인정치의 도시에서 추방해야 한다고까지 주장했다. 그러나 문학 이론가이자 철학자인 롤랑 바르트는 반대편에 서 있었다. 그는 '저자의 죽음'을 선언하며, 작품이 발표되는 순간 그것은 더 이상 저자의 것이 아니라 오롯이 '읽는 이'의 것이 된다고 했다. 작가는 진실의 소유자가 아니라, 감동의 가능성을 열어주는 안내자일 뿐이라는 통찰이었다.

그렇다면, 〈인연〉을 수필로 알고 감동한 수많은 독자 앞에서 우리는 어떤 태도를 가져야 할까? 허구를 진실로 받아들였기에 느낀 감동은 거짓인가? 아니면, 그것이 진실을 대체할 만큼의 깊은 무엇인가?

문학은 늘 이 경계에 서 있다. 실체적 진실과 문학적 진실 사이, 작가의 고백과 독자의 해석 사이. 수필이 사실에 기반한다는 장르적 성격에도 불구하고, 그것이 독자에게 준 감동을 단지 허구였다는 이유만으로 무효화할 수는 없다. 그러나 수필이라는 형식에 속한 허구가 진실로 오인되었을 때, 그 감동의 진정성을 말하기에 앞서 반드시 성찰이 함께 이루어져야 한다.

카뮈는 "진정한 예술가는 증언하는 자이지, 판단하는 자가 아니다."라고 했다. 작가는 진실을 완벽히 말할 수도, 감동을 완벽히 보장할 수도 없다. 다만, 그 사이의 긴장 속에 자신을 던지고, 묻고, 주저하는 존재다. 작가의 윤리는 침묵 속에도, 말하는 순간에도, 늘 '자신이 무엇을 감추고 있는가.'를 자각하는 데서 비롯된다.

그날 친구들이 《인연》의 조형물 앞에서 사진을 찍으며 즐거워했던 그 장면이 문득 떠오른다. 그들은 진실을 몰랐지만, 감동은 이미 그들 속에 깃들어 있었다. 플라톤의 주장처럼 시(문학)가 진실에서 멀어진 것이라면, 그 감동 또한 허상에 불과한 것일까? 나는 말하지 않았다. 침묵은 친구들을 위한 배려였지만, 동시에 진실 앞에서의 망설임이었다. 어쩌면 선생의 침묵도 그러했을 것이다. 누군가의 감동을 해치지 않으려는 애정, 그리고 문학이라는 이름 아래 진실과 허구의 경계를 조용히 흐려놓으려는, 선생만의 방식이었는지도 모른다.

〈인연〉은 수필인가, 소설인가? 그 물음은 사실, 단순한 장르 구분 이상의 의미를 지닌다. 그것은 작가가 어디까지를 사실로 밝히고 어디부터를 허구로 감추는가에 대한 질문이며, 독자는 그 허구의 정도와 진실의 경계를 알고도 감동을 지속할 수 있는가에 대한 질문이다. 문학이란 정답을 내리는 것이 아니라, 이러한 질문들을 끊임없이 가능하게 만드는 예술인지도 모른다.

금아 선생은 소이부답을 남긴 채 떠났고, 나는 오늘도 그 침묵의 여백을 바라본다. 그 침묵은 누구를 위한 것이었을까. 진실이란 무엇이며, 감동은 어디서 오는가. 그리고 작가는 언제, 누구를 위해, 왜 침묵하는가.

  문학은 결국, 묻고 또 묻는 사람의 예술이다. 진실과 감동 사이, 말과 침묵 사이, 나 또한 묻고 머무는 존재일 수밖에 없다. 그 침묵이 오래도록 내 안에 머무는 이유는 그 안에 진실과 감동, 그리고 작가로서의 윤리가 모두 깃들어 있기 때문일 것이다.

제3부
거슬러 흐르는 마음

문학은 누구의 것인가
대열 밖의 두 영혼
보이지 않는 얼굴들
침묵의 윤리
다이몬의 소리, 그 고요한 명령
조선 선비, 이방의 대지에 조국을 심다
지워진 이름, 다산의 소실을 위하여
스승이라는 숙명
그 누구의 죽음도 나를 줄어들게 하나니
견뎌낸 문장들, 살아남은 영혼들

문학은 누구의 것인가

"작가가 자신의 글을 세상에 남기지 않기를 바란다면, 우리는 과연 그 글을 읽을 자격이 있을까요?" 어느 작가 모임에서 던져진 이 질문은 잠깐의 침묵과 함께 방안을 무겁게 감쌌다. 귀갓길 내내 그 여운이 떠나지 않던 중, 불현듯 두 이름이 떠올랐다. 자신의 모든 글을 불태워 달라고 유언했던 프란츠 카프카, 그리고 친구의 뜻을 거스르고 카프카의 글을 세상에 내놓은 막스 브로트였다. 문학은 과연 누구의 것일까?

프라하 태생의 유대계 작가 프란츠 카프카는 20세기 문학사에서 독보적인 존재다. '카프카적(kafkaesque)'이라는 말이 사전에 등재되었을 만큼, 카프카는 우리 시대의 불안과 소외를 상징하는 인물이다. 카프카는 현대인이 느끼는 무력감과 부조리를 날카로운 언어로 포착했고, 그 언어는 차갑게 반짝이는 칼날처럼 우리의 내면 깊숙이 파고든다. 그의 대표작 《변신》에서 세일즈맨 그레고르 잠자는 어느 날 아침, 벌레로 변한 자신의 몸을 마주한다. 가족과 사회로부터 천천히 멀어지고 거부당하는 그의 모습은 끝내 조용한 죽음으로 닫힌다. 이 이야기에는 부조리한 현실에 대한 압축된 비애와, 실존의 깊은 공포가 은유로 숨 쉬고 있다.

죽음을 앞둔 카프카는 친구 막스 브로트에게 간절한 유언을 남겼다. "부디, 내 노트와 원고, 편지, 스케치를 한 점도 펼쳐보지 말고 모두 불태워 주게." 완벽주의에 사로잡힌 그는 생전부터 자신의 글을 불완전하다고 여겼고, 세상에 남기길 원치 않았다. 그러나 브로트는 그 부탁을 들어주지 않았다. 그는 친구의 천재성을 누구보다 일찍 알아본 독자이자, 그 글에 숨결을 불어넣은 문학적 동반자였다. '유고 관리자'의 책임을 떠맡은 그는 카프카의 뜻을 따르지 않았고, 《소송》, 《성》, 《아메리카》 같은 걸작들이 세상에 빛을 보게 되었다. 오늘 우리가 사랑하는 카프카는 그렇게 한 친구의 선택 덕분에 역사의 무대에 선 것이다.

그러나 그 결정은 문학적·윤리적 논쟁의 불씨가 되었다. 한 인간의 마지막 바람을 거스르는 일이 아무리 고귀한 의도라 해도 정당화될 수 있을까? 1924년 카프카가 세상을 떠난 뒤, 브로트는 친구의 문학을 세상에 내놓는 오랜 여정을 시작했고, 그 결과 카프카는 사후에 비로소 세계문학의 별로 떠올랐다. 하지만 그 과정은 단순한 유고 공개가 아니었다. 브로트의 선택은 침묵과 기억, 개인의 권리와 인류의 책임 사이에서 문학의 본질을 다시 묻게 했다. 문학은 누구의 것인가. 창작자만의 것인가, 아니면 모두가 나눌 수 있는 세계정신의 유산인가. 이 사건은 그 질문을 우리 앞에 다시 던지며, 문학이 어디에 속해야 하는지를 성찰하게 만든다.

'카프카적'이라는 말은 단순히 부조리한 상황을 가리키지 않는다. 그것은 우리 시대가 맞닥뜨린 무력감과 불투명한 권력, 저항할 수 없는 고립의 거울이다. 《변신》, 《소송》, 《성》 속 인물들은 모두 이유 모를 규칙과 설명되지 않는 고통 속을 헤매다가 결국 사라진다. 카프카는 그 불안과 부조리 속에서 인간이 어떻게 서서히 해체되는지를 예리하게 그려냈다. 비록 실존주의 철학자들과 직접 만나지는 않았지만, 그의 언어는 그 누구보다 강렬하게 실존의 문제를 먼저 꺼내 들었다.

하지만 카프카가 남기지 않길 바랐던 글을 과연 우리가 읽을 권리가 있을까? 브로트는 그 유언을 받았을 때, 깊은 내적 갈등에 빠졌다고 털어놓았다. 친구의 뜻에 순응할 것인가, 아니면 세계의 정신을 지킬 것인가. 그는 결국 후자를 택했다.

1939년 나치가 프라하를 점령하기 직전, 카프카와 같은 유대인이었던 브로트는 그곳을 떠날 수밖에 없었다. 그가 가장 먼저 챙긴 것은 친구의 원고가 든 가방이었다. 망명지 텔아비브에 닿은 뒤에도 그의 삶은 여전히 카프카의 문장에 머물렀다. 한 편집자가 한 작가의 삶과 죽음을 이토록 짊어진 사례가 또 있을까? 브로트는 친구의 유언을 어겼지만, 평생을 카프카 문학의 수호자로 살았다. 그 깊은 윤리적 갈등과 결단 덕분에 우리는 오늘의 카프카를 만날 수 있게 되었다.

  1968년 브로트가 세상을 떠난 뒤, 카프카의 미공개 원고는 또다시 논란의 중심에 섰다. 직계가족이 없었던 브로트는 비서 에스테르 호페에게 원고를 맡겼고, 그녀의 딸 에바 호페는 이를 독일 문학 아카이브에 넘기려 했다. 이에 이스라엘 국립도서관은 브로트의 유언이 '공공 보존'에 있었다며 법적 소송을 제기했다. 독일은 카프카를 독일어권 문학의 상징으로 내세웠고, 이스라엘은 그의 유대 정체성과 망명 경로를 근거로 맞섰다. 2016년, 이스라엘 대법원은 카프카의 원고를 이스라엘 국립도서관에 귀속시키라는 판결을 내렸다. 그리하여 카프카의 원고는 '인류의 문화유산'으로 공공의 품에 안겼다. 2021년부터 이스라엘 국립도서관은 이를 디지털화해 전 세계 독자에게 전면 무료로 공개했다. 공개에 그치지 않고, 문화기관과 해외 대학이 협력해 학술 행사, 번역, 워크숍을 꾸준히 이어가고 있다. 이 사건은 단순한 상속 분쟁을 넘어, 문학의 공공성과 보존에 관한 세계적 담론의 한 장면으로 남게 되었다.

문학은 언제나 경계 위에 선다. 창작자의 의도와 독자의 권리, 침묵하고 싶은 마음과 세상에 꺼내야 하는 말 사이에서 위태롭게 흔들린다. 문학은 철저히 개인의 내면에서 비롯되지만, 그것이 진정한 생명력을 얻는 순간은 독자와 사회에 의해 새롭게 해석될 때이다. 바로 이 모순이 문학을 끊임없이 살아 숨 쉬게 만든다. 브로트의 선택은 이 모순의 중심에서 이루어졌다. 그는 한 인간의 고요한 죽음을 거슬러 위대한 인류의 기억을 살려냈다.

우리는 또 다른 문명의 갈림길에 서 있다. 디지털 시대는 문학 유산의 운명을 새롭게 묻는다. 텍스트는 과연 언제까지 살아남을 수 있는가? 수많은 문장과 기억들이 날마다 생산되고 흘러가지만, 그 가운데 어떤 것은 잊히고, 어떤 것은 남는다. 기억은 스스로 보존되지 않는다. 누군가 그것에 새로운 숨을 불어넣을 때, 비로소 살아남는다. 그렇다면 누가 그 기억을 보존할 것인가. 누구에게 그 책임이 있는가. 카프카의 원고를 둘러싼 저작권 논쟁은 단지 한 작가의 문서를 둘러싼 법적 다툼이 아니라, 인간 정신이 어떻게 기록되고, 누구에 의해 다시 살아나는가를 묻는 오늘날의 질문이다.

그렇다면 문학은 누구의 것인가? 작가의 것인가, 독자의 것인가, 아니면 그사이 경계 위에 선 이들의 것인가. 작가에게는 자신의 글을 불태울 권리가 분명히 있다. 그러나 그것을 읽을 준비가 된 세계는, 때로는 그보다 더 큰 책임과 권리를 지닌다. 결국 우리는 어느 가치를 선택할 것인지에 따라 각자의 편에 서게 된다. 윤리적으로 보자면, 친구의 유언을 어긴 일은 결코 가볍지 않다. 그러나 윤리란 것도 시대와 관점에 따라 그 의미가 달라진다. 사적인 침묵과 공적인 기억 사이, 우리는 각자 다른 선택의 기준을 세운다. 브로트는 후자를 선택했다. 그는 친구의 마지막 바람을 뒤로하고, 문학이라는 더 넓은 책임을 선택했다. 우리는 그 결단을 통해 한 사람을 넘어선 한 세계를 얻게 되었다.

오늘날 우리는 디지털이라는 새로운 차원 속에 방대한 흔적을 남긴다. 누군가는 그것을 '데이터'라 부르고, 또 누군가는 '기억'이라 부른다. 그러나 그 기억은 스스로 보존되지 않는다. 누군가가 읽고, 해석하고, 다시 숨을 불어넣어야 비로소 살아남는다. 그런 점에서 브로트는 문학의 수호자이자, 시대의 파수꾼이었다. 그는 자신의 이름보다 친구의 문장이 세상에 살아남기를 바랐다.

카프카는 침묵을 원했지만, 브로트는 세계를 택했다. 누군가는 그를 배신자라 할지 모른다. 그러나 그는 문학을 살렸다. 침묵보다 기억이, 유언보다 책임이 더 윤리적일 때가 있다. 막스 브로트, 그는 한 사람의 유언을 넘어 문학이 인류의 것임을 증명했다.

대열 밖의 두 영혼
- 김태길의 <대열>을 읽고 -

 1975년, 그해에 나는 고등학교 3학년 입시생이었다. 3학년이 되고 얼마 지나지 않아 소화기관과 체력에 이상 신호가 왔다. 병원과 양호실을 드나드는 시간이 점점 늘어나게 되었고, 초여름 쯤에는 휴학을 고민하기에 이르렀다. 그때는 마침 '고교 교련 합동사열 및 실기대회'와 '교련검열' 준비를 위해 전교생이 오전수업이나 종일수업을 폐하고 본격적인 연습에 들어가야 할 시점이었다. 3학년생들은 입시와 관련 없는 교련 연습에 과도한 시간을 빼앗기는 것에 불만이 컸으나, 어쩔 수 없는 일이었다.
 연습 참여에 예외는 있었다. 교련 선생님의 엄격한 심사를 통과한 병약자만은 열외자의 행운(?)을 누릴 수가 있었다. 우리 반에서는 나 혼자 열외자 명단에 올랐기 때문에 급우들은 나를 은근히 부러워했다. 그들에게 미안하기도 하고, 단체 생활에서 혼자만 빠지게 된 것에 막연한 불안감도 일었으나, 어쩔 수 없는 일이었다. 어쨌든, 혼자 교실을 지키면서 병원에 다니느라 빼먹었던 수업 내용을 보충하기도 하고, 조용한 교실에 누워 쉴 수도 있겠다 싶어 나름 기대를 하고 있었다.

그 기대는 첫날부터 빗나가 버렸다. 교련 연습 시간 내내 교련 선생님과 체육 선생님의 고함이 마이크를 타고 교내 구석구석까지 쩌렁쩌렁 울려 퍼졌기 때문이다. 오히려 주전자 가득 시원한 물을 채워다 놓는 일과 교실의 정리정돈, 가끔 탈진으로 쓰러져 들어오는 급우들을 돌보는 일은 오롯이 열외자의 몫이자 도리였다. 거기에다 파김치가 되어 들어온 급우들이 내 앞에서 투덜거릴 때마다 마음이 가시방석이었다. 새까맣게 타버린 교실 안 얼굴들 중 눈에 확 띄는 내 하얀 얼굴은 가리고만 싶은 주홍글씨 같았다.

대회를 하루 앞둔 총연습 날, 나는 제식훈련의 장관이 보고 싶어 2층 복도로 올라가 운동장을 내려다보았다. "임석상관에 대하여 경례!" 교련 선생님의 구령에 "충성!"하고 함성을 지르는 전교생의 모습은 감탄스러울 정도로 늠름하고 훌륭했다. 오와 열은 한 치의 오차도 없었고, 움직임은 일사불란했다. 나도 저 안에 있어야 했는데…. 전교생 대열 속에서 나는 내 친한 친구들, 병란

이, 은주, 희연이의 얼굴을 찾아냈다. 반가움도 잠시, 이제 정예 부대원이 되어 있는 그들과 나 사이의 거리가 너무 멀게만 느껴졌다. 외로움과 소외감 같은 것이 한꺼번에 밀려온 시간이었다.

 오랜 세월이 흐른 후 처음으로 김태길 선생의 수필 〈대열〉을 대했을 때, 나는 눈을 크게 뜨고 들여다보지 않을 수 없었다. 〈대열〉의 시대적 배경이 내가 열외자가 되었던 때와 동시대로, 같은 역사 아래 나와는 반대편 입장에 서서 고뇌하는 또 다른 열외자의 내적갈등을 다룬 이야기였기 때문이다. 더욱 놀라웠던 점은 작품을 쓴 동기와 (겉으로 드러나 있지는 않았지만) 사건의 중심에 내 문학의 스승인 김우종 교수가 있었다는 점이다. 스승을 통해 당시의 상황을 소상하게 알게 된 나로서는 이 작품이 〈대열〉의 작가가 나의 스승에게 보내는 속죄와 참회의 편지로도 읽혔다.
 화자가 2층에서 소란스러운 두 시위대를 내려다보고 있다. 동쪽으로 가는 평복 차림의 군중대열과 서쪽으로 가는 군복대열이 엇갈리며 서로에 대한 분노와 증오로 아우성친다. 양쪽 시위대는 2층에 있는 사람들을 향해 결단을 촉구한다. 망설이던 화자가 마침내 평복 차림의 군중대열에 합류하기 위해 2층에서 뛰어내리면서 꿈에서 깬다. '1974년도 이제 다 갔다는 생각이 나를 더욱 슬프게 한다. 정말 고개를 들 수 없는 한 해였다.'라며 끝맺는 내용이다.

작가가 〈대열〉을 쓴 1974년과 내가 열외자가 되었던 1975년은 유신체제 2년째와 3년째가 되던 해로, 유신정권에 반대하는 민주인사들에 대한 탄압의 절정기였다. 당시 대표적인 탄압 사건 중 하나인 '문인 간첩단 조작 사건'은 유신헌법을 반대하는 5명의 문인에게 간첩죄와 국가보안법 위반 혐의를 씌워 불법적으로 구속 수사한 사건이었다. 이때 피해자 중 한 명인 김우종 교수는 강의 도중 강제 연행되어 보안사에서 혹독한 고문과 가혹행위를 겪던 중, 국제앰네스티의 도움으로 겨우 석방된 분이다. 훗날 대법원의 무죄 선고(피해자 전원)로 누명을 벗고, 펜과 화필로써 정의와 양심을 지켜가고 있는 분이지만, 당사자와 한 가정에는 씻을 수 없는 비극과 절망을 안겨준 반인권적인 국가폭력 사건이었다.

바로 그러한 시기에 탄생한 〈대열〉은 유신정권의 부당함을 비판하는 수많은 민주인사가 탄압받는 것에 분노하면서도 직접적인 행동에 나서지 못한 작가가 자신의 부끄러운 양심을 고백한 작품이다. 당시 지식인에게 요구되었던 양심은 민주화를 성취하는 데 지도적 역할을 하는 것이었다. 신망받는 교수요, 저명한 수필가였던 작가는 작품 속에서 그러한 요구에 부응하지 못한, 즉 적극적인 민주화대열에서 비껴나 있는 '열외자'로서 심한 가책을 겪다가 결국 그 대열에의 동참 의사를 밝히고 있다. 이 작품이 높이 평가받아 마땅한 점은 폭압적인 상황에도 불구하고, '꿈'이라는 고도의 문학적 기법으로 민주화대열에 동참하겠다는 의지와 저항을 분명하게 드러냈다는 점이다. 또한 당시 문단에서는 보기 드문 사회참여적 수필을 발표함으로써, 작가로서의 용기와 양심을 굳건히 지켜냈다는 점은 특히 펜을 든 사람들에게 시사하는 바가 매우 크다고 할 것이다.

〈대열〉의 화자 앞에서 나는 얼굴이 몹시 화끈거린다. 총연습 날, 내가 선망의 눈으로 바라보았던 대열은 〈대열〉 속 화자가 동참하려는 '군중대열'과는 반대편의 '군복대열'이었기 때문이다. 그때 나는 현실과 역사에 눈뜨지 못한 청맹과니였다. 결국 동시대 두 열외자 중 하나인 나는 '유신대열'에 동참하지 못해서, 또 다른 열외자인 작가는 '민주화대열'에 동참하지 못해서 내적갈등을 겪었던 것이니, 면괴스럽기 짝이 없는 일이다.

어둠의 시대, 미성년인 고등학생들에게까지 강요되었던 '교련'이 유신정권을 떠받치고 있던 여러 바퀴 중 하나였음을 나는 대학생이 되고 나서야 비로소 알게 되었다. 당시 우리는 교련 교육 속에 감추어진 속내를 알지 못했다. 아무도 알려 주지 않았고, 알려 줄 수도 없는 시대였다. 2학년 교련대회 날, 공설운동장의 관중석에 앉아 오랫동안 퍼붓는 장대비 속에서도 부동자세를 흩트리면 안 되었던 우리가 아닌가. 뙤약볕 아래서 제식훈련을 받다가 몇 명씩 쓰러져 업혀 나가는 일을 날마다 지켜보아야 했던 우리가 아닌가.

윤동주와 한글과 한국을 사랑했던 일본 시인 이바라키 노리코는 내가 열외자였던 즈음의 나이를 '내가 가장 예뻤을 때'라 부르며 동명의 시 〈내가 가장 예뻤을 때〉를 발표했다. '그때 사내들은 거수경례만 부치다 사라졌고, 내 머리는 텅텅 비었고, 나는 너무도 쓸쓸했다.'며 청년들을 죽음으로 내몬 군국주의자들을 통렬하게 비판한 시이다. 지적 욕구와 대입 준비, 푸르른 희망으로 가득 채워졌어야 할 내 청춘의 한 구간을 돌아보며, 나는 〈내가 가장 예뻤을 때〉의 화자와 동병상련의 슬픔을 느낀다.

돌아보면 나의 청춘시절은 군사훈련과 화염병과 폭력으로 얼룩진 시간이었다. 불의와 폭력의 역사가 진행되던 시기, 그저 청맹과니, 방관자나 국외자처럼 지나온 시간들에 대한 참회의 방법은 무엇일까를 생각해 본다. 흐르는 역사 앞에 펜을 든 사람은 어느 대열에 설 것인가. 〈대열〉의 작가와 나의 스승이 오늘도 내게 준엄하게 묻고 있다.

보이지 않는 얼굴들

작년 여름, 예술의 전당에서 에드바르 뭉크 전시회가 열렸다. 평소 친한 친구들과 함께 관심 있는 화가의 작품전은 곧잘 보러 다니는 편이지만, 사정상 끝내 놓쳐 버리고 말았다. 그 아쉬움이 오래 남아, 뭉크의 작품들을 인터넷에서 하나하나 찾아보았다. 그러던 중, 그 속에서 들려오는 고요한 비명에 사로잡혀 그의 세계로 깊숙이 끌려 들어갔다. '영혼의 고백'이라 할 수 있는 그의 독창적인 그림들은 침묵 속에서 터져 나온 울분 같았고, 정지된 화면 너머에서 밀려오는 감정이 나의 내면 깊숙한 불안을 은은히 건드렸다. 내가 자꾸만 들여다보게 된 것은 거의가 아픈 그림이었다. 그런데 이상하게도 그의 그림들을 들여다볼수록 떠오르는 한 사람이 있었다. 프란츠 카프카, 전혀 다른 장르에 속한 두 예술가이지만, 그러나 이들은 어쩐지 같은 불안과 소외, 고통과 공포의 근원에 발을 딛고 있는 듯 보였다.

뭉크는 자신의 대표작 〈절규〉의 영감을 이렇게 기술했다. "나는 자연을 가로질러 길을 걷고 있었다. 갑자기 하늘이 핏빛으로 변했다. 나는 멈춰 서서 … 자연을 꿰뚫는 거대하고 무한한 절규를 들었다." 그 문장이 깊은 사유의 강으로 나를 이끌었다. '왜 우리는 절규하는가?' 그리고 또 한 명의 예술가, 프란츠 카프카의 〈변신〉에 나오는 '벌레'에 대해서도 떠올렸다. 뭉크의 절규하는 인간과 카프카의 벌레가 된 인간, 두 존재는 서로 다른 공간에 있음에도 불구하고, 같은 내면의 균열을 서로 다른 방식으로 드러내고 있었다.

뭉크는 "나는 내가 보는 것을 그리는 것이 아니라, 내가 본 것을 그린다."라고 말한 바 있다. 이것은 그가 눈앞의 현실이 아니라, 기억에 남은 감정의 흔적을 화면에 담고자 했음을 의미한다. 그의 그림은 현실의 재현이 아니라, 내면의 진동이다. 〈병든 아이〉, 〈불안〉, 〈죽음의 방에서〉, 〈절규〉…. 그는 고통과 불안을 색채의 소용돌이로 끌어올려, 캔버스 위에서 생생하게 되살려냈다. 특히 〈절규〉 속 인물은 얼굴이 지워진 채, 귀를 막고 공포에 질린 얼굴로 서 있다. 그것은 특정한 개인이 아니라, 우리 내면에 자리한 두려움의 형상이다. 그 비명은 외부의 소란이 아니라, 심연에서 치솟는 내면의 울림이다. 삶과 죽음의 경계에 선 인간의 불안은 바람만 스쳐도 흔들리는 갈대처럼 위태롭다.

카프카 역시 인간의 연약함에 천착한 작가였다. 〈변신〉의 그레고르 잠자는 어느 날 아침, 자신이 커다란 벌레로 변해 있음을 깨닫는다. 그 돌연한 변형은 사회적 유용성에서 밀려난 존재의 초상이며, 외면당하는 자아의 처절한 은유이다. 아버지는 그를 혐오하고, 가족은 점점 그를 방 안에 격리시킨다. 현대 사회 역시 사회적 효용에 의해 쓸모없다고 판단된 존재들을 무심하게 낙인찍고, 아무 일도 없다는 듯 외면한다.

뭉크와 카프카는 서로 다른 예술 언어를 사용했지만, 둘 다 근대적 불안이 촉발되던 시기를 살았다. 산업화와 도시화, 전쟁과 질병, 무엇보다 인간의 주체가 해체되던 시절이었다. '신은 죽었다.'는 선언이 있었지만, 신이 떠난 자리를 메우기엔 인간은 아직 자신의 실존을 설명할 언어도, 감당할 준비도 되어 있지 않았다. 뭉크의 인물들은 거리 위에서 고독했고, 카프카의 주인공들은 아무도 알 수 없는 체계 속에서 이유 없는 유죄판결을 받았다. 〈변신〉의 그레고르 잠자가 가족에게 격리되듯, 〈심판〉의 K 역시 자신이 저지른 죄를 알지 못한 채, 이유도 없이 법정으로 끌려간다. 〈성城〉의 주인공 K는 도무지 닿을 수 없는 성과 행정체계를 배회하며 끝없이 거절당한다. 그의 인물들은 모두 미로처럼 얽힌 시스템 속에서 자신을 증명하지 못하고, 끝내 소외된다.

뭉크의 캔버스는 가족사의 비극을 은폐하지 않고 직면한다. 가족은 병으로 죽거나 정신질환을 앓았고, 그의 작품은 그 내밀한 가족사를 고스란히 반영한다. 카프카 역시 병약했고, 생전에 쓴 글에 대해서도 불안과 자기 회의로 가득 차 있었다. 그럼에도 이 두 사람은 불안을 외면하지 않고, 오히려 그것을 예술로 끌어 올렸다. 그들은 겉으로 평온해 보이는 세상 속에 숨겨진 불안과 고통을 헤집어 드러냈고, 우리가 외면하던 진실을 정면으로 마주하게 했다.

지금 우리는 그들보다 훨씬 다양한 지식을 갖고 있으며, 문명과 기술의 혜택을 누리고 있다. 그런데 그 풍요 속에서조차 삶은 어딘가 낯설고 불안하게 느껴진다. 뭉크의 절규는 여전히 유효하고, 카프카의 벌레는 오늘도 우리 마음속 한구석에서 꿈틀거린다. 사회적 기준에서 벗어난 사람, 정신적 고통을 지닌 이들, 소수자, 혹은 이름조차 기억되지 않는 '투명 인간'들이 여전히 존재한다. 그들은 여전히, 침묵 속에서 말을 건넨다. "나는 분명 여기에 있다. 그러나 너는 나를 존재하지 않는 것처럼 취급했다."

뭉크와 카프카는 단지 개인의 고통을 그린 것이 아니다. 그들은 우리가 보지 않으려는 진실, 듣지 않으려는 비명을 예술이라는 형상으로 꺼내 보여주었다. 그리고 그것은 아직 마침표를 찍지 못한 문장처럼 지금도 우리 안에서 메아리치고 있다.

뭉크는 말했다. "내 예술은 고백이다." 카프카는 썼다. "문학은 우리 내면의 얼어붙은 바다를 깨뜨리는 도끼여야 한다." 두 문장은 서로 다른 언어로 쓰였지만, 본질적으로 같은 것을 말한다. 예술은 감추지 말아야 한다. 고백하고, 깨뜨리고, 꺼내 보여야 한다. 그들은 그 예술적 소명을 누구보다 진지하게 받아들였고, 누구나 외면하고 싶은 내면의 고통과 두려움을 솔직하게 마주하며, 그것을 예술로 승화시켰다.

절규하는 인간과 벌레가 된 인간은 멀리 떨어진 타자가 아니라, 같은 고통을 서로 다른 형상으로 드러낸 우리의 또 다른 얼굴이다. 뭉크의 그림 속 인물도, 카프카의 벌레도, 결국은 우리 내면에서 우러나온 소리이다. 그러므로 우리는 그들에게서 눈을 돌려서는 안 된다. 우리가 그들에게 향한 시선을 거두는 바로 그 순간, 우리는 또 다른 '그들'이 될지 모른다.

침묵의 윤리
- 리원량에서 라이따이한까지 -

2020년 4월, 지금 전 세계는 중국 우한에서 발생한 '코로나바이러스감염증-19'의 대유행으로 전시와 같은 혼란에 빠져 있다. 국경이 봉쇄되고, 장례식장에 시신들이 쌓여가고 있으며, 경제가 멈춰서고, 약국마다 마스크를 사려는 인파로 북새통이다. 고향에도, 학교에도, 옆집에도 갈 수가 없다. '사회적 거리두기'로 사람이 사람을 피해야만 하는, SF영화 속에서나 있을 법한 일들을 현실로 겪게 되었다. 세계는 어디서부터 어긋나기 시작했을까. 처음 단추를 잘못 끼운 것은 누구의 손이었을까.

세계는 이번 사태를 소련의 '체르노빌 원전 사고'와 쌍둥이처럼 닮은 인재人災라며 탄식한다. 체르노빌 사고는 발생 초기, 사건을 축소·보고한 원전 관계자들과 원자로의 설계 결함 정보를 은폐

한 정부로 인해, 자국은 물론 인근 국가들까지 심각한 방사능 피해를 보게 한 원전 사상 최악의 대재앙이었다. 중국 공안 당국은 작년 12월, 우한에서 처음으로 신종바이러스의 발생 사실을 경고한 의사 리원량李文亮과 그의 동료들에게 '괴담 유포자'라는 혐의를 씌워 훈계서에 서명하고, 그 문제에 대해 함구할 것을 명령했다. 정부는 '사람 간 전염은 없다.', '확산을 효과적으로 차단하고 있다.'며 사실 왜곡과 은폐에 급급했다.

34세의 리원량은 침묵을 강요당한 채 사태의 최전선에서 환자들을 돌보다, 자신이 처음으로 실체를 알린 코로나바이러스에 감염되어 끝내 사망했다.

… 전 세계가 지금의 안녕을 계속 믿게 하려고 나는 단지 마개 닫힌 병처럼 입을 다물었습니다. 선홍색 인장으로 내 말이 모두 동화 속 꿈이라고 인정했습니다. …

고故 리원량에게 바쳐진 추도문은 중국 인민과 세계인의 가슴에 큰 반향을 일으켰다. 페루의 노벨문학상 수상 작가 마리오 바르가스 요사는 "중국이 독재정권이 아니라 자유로운 민주국가였다면, 이번 사태는 없었을 것이다. 사실을 은폐하고 의식 있는 목소리를 억누른 것이 이번 사태의 원인이다."라며 중국 정권을 강력히 비판했다. 물론 그의 책은 이후 중국에서 사라졌다. 이름조차 남지 않은, 침묵의 방식으로 행해진 검열이었다.

인간으로서의 양심, 의사로서의 양심으로 세상에 진실을 알린 리원량의 사망을 계기로, 중국의 누리꾼들은 언론·표현의 자유를 억압하는 정권에 반발하게 되었고, 리원량은 당국의 정보 은폐에 저항하는 상징적 인물로 평가받게 되었다. 중국 정부는 민심 수습을 위해 뒤늦게 리원량의 훈계서를 철회하고 그에게 '열사' 칭호를 추서했다. 그러나 그는 이미 죽은 뒤였고, 세계보건기구가 '코로나바이러스감염증-19 대유행'을 선포한 후였다. '열사'란 칭호는 죽음 뒤에야 붙은, 너무도 늦은 변명이었다. 역사는 이번 사태와 '리원량'의 이름을 함께 기억하며, 두고두고 후세를 위한 경종으로 삼을 것이다.

우리는 진실의 왜곡과 은폐가 역사 앞에 지은 죄들을 얼마나 많이 보아왔던가. 그런데 자유민주주의 국가의 국민인 우리는 우리 스스로가 저지른 가해의 역사, 불편한 진실 앞에서 '리원량'인가, '비非 리원량'인가. '바르가스 요사'인가, 아닌가.

나는 침묵을 오래 사랑해 왔다. 그러나 이제는 침묵이 가장 잔인한 책임 회피가 될 수 있다는 것을 알게 되었다. 부끄럽게도 나는 얼마 전까지 베트남 파병 한국군에 의한 현지 피해자들의 고통과 절규에 대해 별 관심이 없었다. 그런데 침잠한 과거의 진실,

마주하기 꺼려졌던 우리의 역사를 알고 난 이후로는, 한국인으로서 가책과 자괴감을 떨쳐버릴 수 없게 되었다.

베트남의 퐁니·퐁넛, 하미마을은 한국 현대사의 4·3사건과 5·18을 떠올리게 한다. 한국군에 의한 민간인 학살지이기 때문이다. 그곳에서는 아직도 생존 피해자들과 그 가족들이 한국의 진정한 사죄를 기다리며 끝나지 않은 전쟁을 치르고 있다. '난징대학살'을 연상시키는 또 하나의 학살 현장이며, 우리가 외면할 수 없는 현대사의 어두운 한 장면이다. 이는 수많은 베트남 파병 용사들이 국가에 헌신한 공로에도 불구하고, 우리가 마주하고 책임져야 할 역사적 의무다. 이 문제를 덮어둔 채, 우리가 어찌 난징대학살을 저지른 일본군의 만행을 거론할 수 있겠는가.

또, 런던 웨스트민스터의 세인트 제임시스 공원에는 2019년 영국의 시민단체 '라이따이한을 위한 정의(Justice for Lai Dai Han)'가 세운 모자상 '라이따이한[1] 동상'이 있다. 이 단체는 동상 건립을 통하여 한국정부에 베트남 파병 한국군이 저지른 성폭력을 인정하고, UN의 조사를 받을 것을 촉구하고 있다. 그들의 절규는 우리가 '평화의 소녀상' 앞 수요집회에서 떨리는 목소리로 되뇌는 그 진실과 결코 다르지 않다. 일본군 위안부 피해자 김복동·길원옥 할머니가 "한국군으로부터 우리와 똑같은 피해를 당

---

1) 라이따이한: 베트남 파병 한국군 및 한국인 노무자와 베트남 여성 사이의 혼혈아.

한 베트남 여성들에게 한국 국민으로서 진심으로 사죄드립니다."라고 했던 그 말을, 이제 우리가 모두 함께 따라 외쳐야 한다.

 자신들의 역사에 대해 끊임없이 사죄하고 책임지는 독일의 자세를 본받아야 할 국가는 일본뿐일까? 우리가 일본을 따라 베트남 파병 한국군의 과오를 의도적으로 축소하고 누락시킨 교과서로 후손들을 가르친다면, 그것은 역사 왜곡인가 아닌가. 우리 안의 국수주의, 이미 기울어진 저울 위에 우리는 언제까지 침묵이라는 추를 얹고 있을 셈인가.

 병상 위 리원량의 창백한 얼굴과 야자수 아래서 눈물 흘리던 베트남 늙은 어머니의 주름 골 위로 자막처럼 한 문장이 떠오른다. '지연된 정의는 정의가 아니다.' 정의가 늦을수록, 침묵은 우리를 더 깊은 공범으로 만든다.

다이몬의 소리, 그 고요한 명령

"네가 그 이야기를 꺼낸 저의가 뭐야?"

몇 해 전에 오랜 지기가 따지듯 내게 한 말이다. 억울했다. 오해를 풀고 싶은 마음도 컸다. 그런데도 그 순간 이상하리만치 입이 떨어지지 않았다. 말문은 막혔고 속은 끓었지만, 어디선가 조용히 다가와 나를 붙잡는 기운이 있었다. 지금은 안다. 그 침묵이 나를 구했다는 것을. 내가 내 감정보다 먼저 말했더라면, 우리의 우정은 돌아올 수 없는 강을 건넜을 것이다.

목까지 차오른 말을 누른 적이 있는가? 되받아칠 수도 있었지만, 문득 입이 저절로 다물어지는 때가 있다. 마음 한쪽을 스쳐가는 어떤 기척 때문이다. 그때는 몰랐지만, 시간이 흐르면 알게 된다. 그 조용한 멈춤 덕분에 나는 무너지지 않았다는 것을.

'다이몬(daimon, δαίμων)'은 고대 그리스에서 신과 인간 사이를 매개하는 중간적 존재였다. 이름 없는 신적 힘, 혹은 인간의 운명을 이끄는 보이지 않는 인도자로 여겨졌다. 호메로스는 이를 정체불명의 신적 개입 또는 숙명적 힘으로 묘사했고, 플라톤은 영혼 깊은 곳에서 진리를 향해 이끄는 신적 원리로 보았다. 그는 인간이 저마다 자신의 다이몬과 함께 태어나며, 그 존재가 삶의 도덕적 방향을 안내한다고 믿었다. 스토아 철학자들은 다이몬을 인간 내면에 깃든 로고스(logos, λόγος), 곧 세계 질서에 부합하는 이성으로 해석했다. 이후 기독교 세계관이 지배하면서 다이몬은 '악령'이나 '이교의 신'으로 격하되었고, 긍정적 의미는 희미해졌다. 근대에 이르러 심리학자 융은 이를 '자기(Self)' 혹은 '내면의 본성으로 이끄는 힘'으로 다시 불러냈다. 무의식이 형상화된 인격으로 이해한 것이다. 시대에 따라 다이몬은 이름도 얼굴도 달라졌지만, 언제나 한 인간이 자기 자신에게로 이끌리는 힘, 말로 설명할 수 없는 내면의 울림으로 남아 있었다.

  다이몬의 존재를 삶 속에서 가장 극적으로 드러낸 이는 소크라테스다. 그는 평생 '소리'를 들었다고 했다. 어떤 일을 하려 할 때, 그것이 옳지 않다면 말없이 제지하는 신적 신호였다. 그 소리는 '하지 말라'는 경고만을 보낼 뿐, 무엇을 '하라'고는 말하지 않았다. 그 말 없는 신호에 그는 철저히 따랐고, 사형을 선고받는 법정에서도 다이몬이 침묵했기에 자신의 선택이 옳다고 믿었다. 그 침묵은 그를 살린 것이 아니라, 오히려 죽음으로 이끌었지만, 그는 끝까지 자신이 옳다고 믿는 삶의 방식에 충실할 수 있었다. 다이몬은 정답을 주지 않는다. 다만, 어떤 순간에 우리가 누구인지, 어디에 서 있는지를 조용히 깨우쳐줄 뿐이다.

다이몬은 등을 떠미는 대신, 팔을 살짝 끌어당긴다. 확신보다 망설임의 순간에, 이성과 감정 사이의 틈에서, 언어보다 느리지만 행동보다 먼저 우리를 붙든다. 우리는 종종 그것을 '직감'이라 부르지만, 다이몬의 감각은 이성보다 더 본능적이며, 감정보다 더 조용하지만, 더 선명하게 다가온다. 말로는 설명하기 어려운 감각이 먼저 와 닿아, 어느 날 문득 '이 길이 아닌가 보다' 하는 막연한 느낌, 그리고 '이 말은 차마 할 수 없다'라는 미묘한 경고가 우리 앞에 나타난다.

많은 이들이 다이몬을 양심과 혼동하지만, 둘은 분명히 다르다. 양심은 외부의 규범이나 도덕 교육에 뿌리를 두는 반면, 다이몬은 경험을 통과하며 내면에 배어든 촉이다. 그것은 정답을 요구하지 않는다. 오히려 삶의 시간 속에서 조용히 작용하고, 어느 날 오래된 문장처럼 떠오르며 마음속에 각인된다. 어린 시절에는 들리지 않던 이 목소리가 세월이 흐르고 내면이 깊어질수록 서서히 들려오기 시작한다. 그렇게 우리는 점점 성숙해지는 것이다.

다이몬은 항상 뒤에서 지켜본다. 우리가 무언가를 강하게 밀어붙일 때 조용히 제동을 건다. 누구나 한 번쯤은 '차마'라는 말 앞에 멈춘 경험이 있을 것이다. 우리가 '차마'라는 말 앞에 멈춰 설 때, 그 자리에 다이몬이 있다. 그것은 마음이 날을 세울 때, 마치 누군가 가만히 어깨를 짚듯 우리를 멈추게 한다. 그 순간, 우리는 비로소 자신을 되새기게 된다.

때로 다이몬은 질문을 던진다. '지금 나는 정말 나다운가?' '이 말이 꼭 필요한가?' 그 물음 앞에서 우리는 멈칫하며 말 대신 침묵하게 된다. 다이몬은 대답을 주지 않는다. 그저 스스로를 들여다보게 만든다. 외침이 아닌 되돌아봄, 판단이 아닌 멈춤, 그것이 다이몬의 방식이다.

그러나 다이몬은 언제나 말을 거는 존재는 아니다. 오히려 가장 중요한 순간에만 아주 짧고 조용하게 나타난다. 그 침묵은 때로 '지금 괜찮다'라는 신호일 수도 있다. 귀 기울인 이만이 그 변화를 알아차릴 수 있다. 때로 우리는 그 침묵 덕분에 더 멀리 돌아가더라도, 스스로의 걸음을 되짚을 용기를 얻게 된다.

침묵은 흔히 약함으로 오해받지만, 때로 그것은 가장 결연한 저항이며, 가장 깊은 사유의 형식이다. 격한 언어가 난무하는 시대, 침묵은 사라진 덕목처럼 보이지만, 말보다 더 오래, 더 큰 여운을 남긴다. 우리는 언젠가 그런 침묵으로 누군가를 살리고, 자신을

다이몬의 소리, 그 고요한 명령

지켜낸 적이 있다. 그 소리는 말들이 멈춰 선 자리에서 조용히 숨 쉬고, 침묵이 걷힌 뒤에도 바람결에 실려 긴 여운으로 퍼진다. 그것은 소리가 아닌, 소리 없는 공간에서 잉태된 미묘한 울림이다.

지금 우리가 사는 시대는 다이몬과는 반대 방향으로 흐른다. 정보는 넘치고, 판단은 빠르며, 말은 쏟아진다. 더 말하고, 더 드러내야 살아남는다는 믿음이 지배적이다. 그러나 진짜 중요한 순간에는 말이 아니라 멈춤이 필요하다. 그 멈춤 속에서 우리는 조용히 자신에게 묻는다. '지금 이 길은 정말 옳은가?' '이 말은 반드시 필요한가?' 다이몬은 대답하지 않는다. 다만 그 질문을 우리 안에서 살며시 피워낸다. 그는 뚜렷한 길을 가리키는 표지판이 아니라, 우리로 하여금 잠시 멈춰 서서 걸음을 되돌아보게 하는 부드러운 속삭임이다.

누군가에겐 다이몬이 직관이고, 누군가에겐 영감이며, 또 어떤 이에게는 신중함이나 내면의 소리일지 모른다. 이름은 달라도 본질은 같다. 그것은 말이 아닌 침묵의 언어로, 조언이 아닌 멈추라는 지시로 우리에게 말을 건넨다. 그 존재를 귀히 여기는 사람은 바깥의 소음보다 안쪽의 고요에 귀 기울이며 살아간다. 정말 중요한 물음은 언제나 바깥이 아니라 내 안에서 조용히 피어난다. "너는 지금, 너답게 살고 있는가?" 그 물음 앞에 잠시 멈춰 선 그 순간, 우리는 이미 다이몬의 고요한 울림을 듣고 있는 것이다.

조선선비, 이방의 대지에 조국을 심다
- 이미륵, 낯선 땅에서 꽃피운 인간의 품격 -

낯선 독일 하늘 아래, 조국이라는 별 하나를 부둥켜안고 살았던 사내가 있었다. 그는 조국을 떠나야만 했으나, 조국은 단 한 순간도 그의 문장에서 떠난 적이 없었다. 이미륵, 그는 무력이 아닌 펜으로 조국의 독립을 꿈꾸었고, 함성이 아닌 지성으로 이국땅에 조국을 알렸다. 고고한 눈빛과 온후한 미소, 그는 조선선비의 마지막 실루엣이었다.

내가 이미륵 선생과 '각별한 사이'가 된 것은 100년 전의 사진 한 장 덕분이다. 깊은 고뇌와 우수, 병색 짙은 선생의 말년 모습만 알고 있던 내게 청청한 귀공자의 모습은 눈부신 충격이었다. 수려한 이목구비에 순수하고 선한 표정, 묵직한 지성미와 선비의 기품이 절묘하게 어우러진 풍모는, 내 안에 작은 물결을 일으켰다. 나도 모르게 그분의 삶과 정신에 빠져들기 시작했다. 사진 속 청년 윤동주에게 반하여 윤동주의 시를 사랑하게 되었다는 이바라기 노리코 시인의 고백처럼.

이미륵! 본명은 이의경, 미륵은 필명이다. 선생은 독립운동가이자 소설가, 철학자이자 교육자였다. 1899년 황해도 해주의 한 학자 집안에서 태어난 선생은 경성의전 재학 중 3·1운동에 가담한 혐의로 일경의 추적을 받게 되자, 1920년 독일로 망명했다. 이후에도 벨기에에서 열린 '세계 피압박민족결의대회'에 참가하는 등 독립을 위한 행보를 멈추지 않았다. 그분은 한국보다 독일에서 더 평가받은 인물이다. 독일어로 쓴 자전소설 《압록강은 흐른다》는 독일인보다 더 유려하고 세련된 문체를 구사했다는 찬사와 함께 1946년 '올해 독일어로 쓰인 가장 훌륭한 책'으로 선정된 바 있다. 이후 이 작품은 독일 중고등학교의 교과서에 실리며 독일 사회에 작가와 조국의 이름을 널리 알렸다. 선생은 그 문학적 명성을 계기로 뮌헨대학에서 한국학과 동양철학을 강의하던 1950년 3월 20일, 위암으로 타계했다. 51세, 너무도 일찍 찍은 마침표였다.

선생이 10년 동안 혼신을 다해 완성한 대표작 〈압록강은 흐른다〉는 단순한 자전소설이 아니다. 그것은 그분이 떠나온 땅에 바치는 한 편의 서사시이자, 문학적 이상향으로서의 조국을 세계에 알리고자 한 애국혼의 결실이었다. 또 교육자로서 독일어권 독자를 위해 쓴 한국어 입문서《한국어 문법》은 단순한 언어 교재로서의 의미를 넘어선 저술이었다. 식민치하에서 흔들려가는 모국어의 생명력을 지키며 한글의 우수성을 알리려는 시도이자, 고국의 내일을 위한 의지의 산물이었다. 안타깝게도 미출판 원고로 남았지만, 그 정신은 지금도 후손들 가슴속을 흐르고 있다.

1931년, 한 동양선비의 높은 지성과 우아한 인품에 감명받은 알프레드 자일러 교수 부부가, 외롭고 가난한 이 동양의 사내를 양자로 맞아들였다. 사내의 삶은 새로운 전기를 맞았다. 숙식 문제가 해결되자, 사내는 비로소 가슴에 품어온 이야기들을 글로 풀어내기 시작한 것이다. 그것은 창작을 통한 또 하나의 독립운동이었다. 이후 〈어느 날 밤 골목길에서〉, 〈수암과 미륵〉, 〈무던이〉, 〈한국과 한국인〉 등을 계속 발표해 나갔다.

선생은 진정한 인도주의자였다. 나치즘도 일본 제국주의와 다를 바 없다고 본 선생이, 반나치 평화주의자로서 뮌헨대학의 쿠르트 후버 교수와 그 일가를 도운 일은 매우 유명하다. 후버 교수는 2차 대전 당시 뮌헨대학 학생들의 반나치 비폭력 저항단체였던 '백장미단'의 지도교수로, 선생의 뮌헨대학 스승이자 친구였다. 1943년 백장미단의 학생 한스 숄과 조피 숄 남매가 반전, 반정부 전단지를 뿌린 일로 남매와 후버 교수 모두 처형된 사건이 있었다. '백장미단 사건'이었다. 후버 교수가 수감되자 선생은 음식을 챙겨 면회하러 갔고, 그가 처형되었을 때는 시신을 직접 수습하였으며, 연좌제에 의한 감시와 공포에 떨던 유가족을 끝까지 돌보았다. 후버 교수의 지인들은 자신들에게도 피해가 미칠까 두려워 모두 발길을 끊은 상태였지만, 선생만은 전시배급도 제대로 받지 못하는 가족에게 자신의 배급품을 나누어주며 그들 곁을 지켰다. 나치 치하, 선생의 신변마저 위협받을 수 있는 이러한 처신은, 자신의 신념을 실천하려는 용기와 인간의 도리를 지켜낸 숭고한 행동이었다. 나는 1970년대 우리의 어두웠던 시절, 연좌제로 깊은 고통과 상처를 입은 이들을 떠올렸다. 그리고 죄를 뒤집어쓴 자신에게 내려진 형량보다 가족에게까지 쏟아지는 차가운 시선들이 더 무거운 형벌이었다는 슬픈 증언도 함께 떠올렸다. 아무나 선뜻 나설 수 없는 선택! 그 결연한 행위는 인간애와 연대의 정신을 드러내는 상징이었고, 지식인의 도덕적 용기를 증명한 침묵의 언어였다. 내가 선생을 흠모하게 된 가장 큰 이유다.

　전쟁 속에서도 그분은 인간의 품격을 잃지 않았다. 포화 속에서도 친구의 안위가 걱정되어 그를 찾아 헤맸고, 한국 유학생이 떠난 후 홀로 남겨진 독일인 연인이 아이를 출산하자 병원비를 대신 치렀다. 화폐개혁을 단행하기 전날 선생이 물건값으로 지불했던 지폐가 하루 만에 휴지가 되어버리자, 기꺼이 새 화폐로 다시 지불해준 일, 가짜 배급표까지 나돌던 때, 한 장 더 딸려 온 전시 배급표를 즉시 되돌려준 일화도 전해진다. 이러한 일들로 선생이 사는 곳에서는 '한국인=정직'이라는 인식이 생겼고, 사람들은 모두 동방에서 온 선비를 존경했다.

그분은 무력을 쓰지도, 목소리를 높이지도 않았다. 언제나 고요했고 겸손했으며, 온화한 조선선비의 기품을 잃지 않았다. 불의에는 비폭력으로 맞섰고, 어려운 이웃에게는 조용히 손을 내밀었다. 그분의 하루하루는 언젠가는 돌아갈 조국을 위한 기도였고, 침묵 속의 치열한 외침이었다. 유럽 사회에 아직 생소하기만 했던 '동방의 어느 작은 나라'가 결코 야만국이 아니라, 유구한 역사와 고유한 전통, 고결한 정신을 지닌 문화국임을 삶과 펜으로 증명한 지성인이었다.

선생은 또 전후 정신적 혼돈에 빠져 있던 독일인들에게 인仁 사상을 심어 주며 인류애의 가치를 일깨웠다. 선생이 세상을 떠난 지 75년이 흘렀지만, 독일인들은 아직도 선생을 '완전한 인간', '동방의 현자', '진정한 휴머니스트'로 기억한다. 이 모든 호칭은 그분의 인생이 인종과 국가, 문화의 경계를 넘어 인류애의 근원적 가치인 인(사랑)에 닿아 있었음을 웅변한다. 그분은 한국인의 자긍심이자, 동서양을 잇는 가교였고, 인간애의 본질을 가르쳐준 사표였다.

선생의 유해는 독일에 묻힌 지 74년 만인 2024년 11월, 대전현충원의 독립유공자 묘역으로 봉환되어 영면에 들었다. 긴 세월을 돌아 마침내 조국의 품에 안긴 귀환이 한 편의 시처럼 가슴을 울린다. 우연하게도 그곳은 나의 시부모님이 잠들어 계신 묘역과 바로 이웃해 있어, 선생과의 인연이 더욱 특별하게 다가온다. 해마다 어린 손주들과 함께 마음의 스승 앞에 꽃 한 송이 바치면서, 선생이 남긴 인간애와 평화의 메시지를 그들에게 심어 주려 한다.

'사랑으로 세상을 보는 사람에게는 가시동산이 장미동산이 되리라.'

지워진 이름, 다산의 소실을 위하여

다산 선생에게는 숨기고 싶었던 가족이 있었다.

최근에 발견된 사료와 문학작품을 통해 숨겨졌던 다산 선생의 사생활을 처음으로 접하고 나는 몹시 혼란스러웠다. 유네스코 세계 기념인물로, 조선 최고의 지성이자 도덕적 완결성으로 상징되는 선생의 이미지에, '소실'이라는 존재가 도무지 겹쳐지지 않았기 때문이다. 돈독한 부부애의 상징 하피첩과 편지, 시문집 속에 나타난 아내 사랑은 모두 어떻게 이해해야 할까. 그러나 숨은 사연을 하나둘 짚어갈수록 인간 정약용의 복잡한 내면과 그 곁을 지켜낸 한 여인에 대한 연민이 저릿하게 다가왔다.

위인전과 교과서 속 정약용 선생의 모습은, 흠 하나 없이 매만져진 신화적 인간상에 가깝다. 시대를 초월한 도덕성과 고결한 정신, 백성을 품은 애민의 마음과 실사구시의 학문까지, 모든 미덕이 한 인물 안에 오롯이 깃든 듯한, 결함 없는 초인의 이미지다. 그러나 자료를 들여다보면서, 선생이 자기 확신이 강해 적도 많았고, 젊은 시절 기생과 노름에 빠진 적도 있으며, 제자들과의 금전 관계에선 매우 철저한 현실주의자였음을 알게 되었다. 심지어 아내에 대해 도량이 좁다며 불만스러워했다는 기록까지 있다. 우리가 알고 있던 '다산'과의 간극은 충격으로 다가왔다.

거기에다 1999년 연작시 〈남당사南塘詞〉 16수의 발견으로, 항간에 소문처럼 전해지던 소실 정씨鄭氏와 서녀 홍임紅任의 존재가 실존 인물로 확인되었음도 알게 되었다. '다산'이라는 이름을 내 안에서 어떻게 정립해야 할지 몰라 한동안 머릿속이 복잡했지만, 곧 선생의 고통스러운 진실에 가까이 다가가 보고 싶어, 그 안을 좀 더 들여다보게 되었다. 그리하여 나는 선생의 곁에 있었지만, 역사에서 지워졌던 소실(실제로는 배수첩[1]이었다.)과 서녀를 마주하게 되었다.

> 어린 딸 총명함이 제 아비를 닮아서 /
> 아비 찾아 울면서 왜 안 오냐 묻는구나. —제4수
> 정씨 집에 버림받고 김씨 집에 수절하니 /

---

[1] 배수첩(配囚妾): 유배인의 일상생활을 돌보아주던 현지의 첩.

강포함이 어이 원망 깊지 않을까. −제5수
까마귀 봉황 배필 원래 짝이 아니거늘 /
천한 몸 과한 복이 재앙 될 줄 알았다오. −제7수
이 노래 마디마디 절명의 가사일세 /
저버린 마음이야 저버린 사람이 잘 알겠지. −제16수

 남당사! 버림받은 여인이 낭군을 원망하며 이별의 한을 토해내고 있다. 18년 만에 해배된 선생이 소실과 그녀와의 사이에서 낳은 딸을 데리고 본가로 귀향했으나, 모녀는 이내 왔던 길을 되돌아가야 했다. 조강지처 홍 씨가 그들 모녀를 받아들이지 않았기 때문이다. 그런데 내려가는 도중에 장성 부호 김 씨가 소실의 마음을 얻으려고 불미스러운 일을 도모하려 하였다. 소실이 크게 노하여 "나는 조관을 지낸 분의 첩실이다."라며 정절을 지켜, 친정인 남당으로 가지 않고 다산초당으로 돌아갔다. 후에 이러한 사연을 알게 된 선생이, 자신의 심경을 시적 화자인 여인의 입을 빌려 익명으로 지은 시이다(다산 연구가 정민 교수). 이는 모녀에 대한 미안함과 죄책감으로 꾹꾹 눌러쓴 사나이의 흐느낌이었다.
 그런데 선생의 부인이 소실 모녀를 내칠 때, 선생의 처지가 몹시 난처해졌다. 부인으로서는 폐족이 된 집안을 지키며, 오로지 남편의 해배만을 기다려온 지 18년 만에 이루어지는 부부의 상봉에, 느닷없는 소실과 서녀의 등장이라니, 참담한 일이었을 것이다. 선생으로서는 조강지처에 대한 의리와 존중이라는 무게감, 또 당시의 격식과 체면, 유교적 윤리가 켜켜이 놓여 있었다. 그 모든 제약 앞에서 결국 물러설 수밖에 없었던 선생의 처지가 안타깝기 그지없다. 그런데 소실의 입장은 또 어떠한가.

선생은 유배된 지 10년째 되던 1810년 쉰 살에, 〈시경강의〉 12책 저술에 과한 의욕을 쏟았던 탓인지, 중풍으로 손발이 마비되고, 언어에도 큰 장애가 왔다. 설상가상으로, 곧 이루어질 것으로 기대했던 해배마저 무산되었다는 소식에, 선생은 유배지에서 생을 마쳐야 할 운명임을 직감하고 깊은 절망에 빠졌다. 죽음의 문턱에서 상장례를 논의하던 즈음에, 선생의 수발을 위해 들인 20대 과수댁이 바로, 훗날 '홍임모紅任母'로 알려진 소실이었다. 그 무렵의 상황을 전해주는 〈매조도〉 화폭에 선생은 '묵은 가지 다 썩어 그루터기 되려더니, 푸른 가지 뻗어 나와 꽃을 다 피웠구나.'라는 시를 써서, 소실의 정성으로 자신이 소생할 수 있었음을 고백한다. 정민 교수는 이 시기를 두고, 다산의 저술이 '쏟아지듯 터져 나온 때'라고 했다. 실제로 《논어고금주》를 비롯해 《목민심서》, 《흠흠신서》, 《경세유표》 등 실학의 진수와 여러 저술이 이때 이루어졌다. 홍임모의 헌신과 늦둥이 딸이라는 삶의 촉진제가 없었다면, 그 많은 저술이 과연 가능했을까?

당시에는, 해배가 되면 배수첩과 그 사이에서 낳은 자식들을 버려두고 본가로 돌아가는 것이 관행이었다. 죄인의 처지에서 정치적 오해를 피하고, 사회적 체면을 유지하려는 의도였다. 선생의 기록 어디에도 소실과 서녀에 대한 직접적 언급이 없는 까닭이 여기에 있다. 그럼에도 선생은 인간의 도리를 끝내 외면하지 않고, 두 모녀를 데리고 본가로 돌아온다. 그러나 결국 추상같은 부인의 반대로 되돌아가는 모녀의 뒷모습을 바라보아야 했던 사나이의 심경이 어떠했을까.

최근 발견된 선생의 친필 편지에는 쫓겨 내려간 두 모녀를 잘 보살펴 달라고 강진의 제자에게 구구절절 부탁하는 내용이 보인다. 이후 선생이 홍임을 다시 불러올려 서제庶弟 정약횡에게 양육을 맡기고 나서야 다소나마 시름을 덜 수 있었겠지만, 소실을 버릴 수밖에 없었던 죄책감은 어찌 삭였을까. '애민은 허울뿐이었던가. 그녀야말로 가장 가련한 백성, 진정한 애민의 대상인 것을. 내 어쩌다 두 여인 모두에게 상처와 배신감을 안겨주고, 자책 속에 살아가야 하는 못난 사내가 되었을꼬.' 부인과 소실 사이, 짓눌린 양심 아래서 꺼이꺼이 울부짖는 한 사내의 속울음이 들려온다.

다산 선생의 학문과 사상이 강진에서 꽃피운 것이라면, 그 뿌리는 초당에서 묵묵히 선생의 옆을 지키며 정성껏 보살핀 한 여인의 존재에 닿아 있다. 생명을 살리고, 사상을 살렸건만, 그녀는 끝내 선생의 동반자로도, 한 사람의 온전한 존재로도 받아들여지지 못했다. 다산학의 거대한 전당 한편에서, 소실과 서녀는 오랜 세월 지워져 있었다. 그러나 이제는 이들을 정당한 역사 속 주체로 다시 조명해야만 한다. 강진의 다산초당이 실학의 산실이라면, 그곳에서 선생의 가족으로 삶을 함께한 이들도 다산학을 가능케 한 실존들이었다. 소실의 기여를 복원하고 공론의 장으로 올리는 일은 단지 한 여인의 이름을 찾아주는 일에 그치지 않는다. 그것은 곧 위대한 사상의 실질적 조건들을 회복하는 작업이자, 그 사유가 어떤 삶과 현실 속에서 태어났는지를 묻는 일이기도 하다.

하지만 일부 우리의 평전문화는 여전히 흠 없는 위인을 만들어 내는 데 골몰하여, 인간 다산의 내면적 갈등은 의도적으로 생략해 버렸다. 불편한 진실은 지워졌고, 인간적 고뇌와 갈등은 감추어졌다. 그러나 진짜 위대함은 결점 없는 얼굴이 아니라, 모순을 끌어안고 도리를 지키려는 의지에 있다. 다산의 업적을 기리면서도 그의 소실 이야기를 외면하는 일부 연구자들의 태도는, 인간을 전체로 보는 시선에서 여전히 한 걸음 물러서 있는 우리의 현실을 보여준다. 인간적인 약점까지 함께 바라볼 때, 우리는 비로소 한 사람의 깊이를 이해할 수 있다.

두 모녀야말로 우리가 잊은 채 지워버린 이름들이다. 소실의 존재를 외면하는 태도야말로 다산 선생에 대한 예가 아니다. 소실과 서녀의 존재를 정면으로 마주한다고 해서 다산의 위대함이 손상되는 것은 아니지 않은가.

아무도 불러주지 않았던 그 이름 앞에, 여기 한 줄 묘비명을 바친다.

'쓰러진 고목 소생시켜 인류의 스승으로 남게 하였으니, 후세가 길이 기억하리.'

스승이라는 숙명

 클래식 음악이 흐르는 아침은 하루를 시처럼 고요히 시작할 수 있게 해준다. 나는 요즘 손민수와 임윤찬, 두 피아니스트의 음악을 번갈아 들으며 새로운 우주의 세계를 조금씩 알아 가고 있다. 특히 동영상 속 임윤찬의 〈라흐마니노프 피아노 협주곡 3번〉 연주는 오늘 아침에도 내 하루의 첫 문장이 되어 주었다. 한 사람의 삶이 온전히 피아노 건반 위로 쏟아져 나오는 듯한 느낌 때문일까? 아니면, 음악이 고통을 감싸고, 고독을 어루만지며, 끝내 우리를 빛 쪽으로 이끌기 때문일까?
 임윤찬, 그는 지난해 6월 〈반 클라이번 콩쿠르〉에 혜성처럼 나타나, 18세로 대회 사상 최연소 우승 기록을 세우며 전 세계 클래식 음악계에 '임윤찬 열풍'을 일으키고 있는 천재 피아니스트이다. 그는 우승 소감에서 음악과 삶 전반에 절대적인 영향을 끼친 손민수 교수를 '위대한 선생님'이라고 부르며, 스승에 대한 무한한 존경심을 표했다. 나는 그런 그의 스승이 어떤 사람인지 몹시 궁금했다.

손민수는 피아노 영재로, 미국 유학 후 '건반 위의 철학자' 러셀 셔먼을 사사하며 음악과 사유를 함께 익힌 피아니스트이자 교육자이다. 스스로도 이미 빛났던 '손민수' 이름 앞에, 이제는 '임윤찬의 스승'이라는, 쉽사리 떼어낼 수 없는 수식어가 붙게 되었다. 인간적 번뇌는 없었을까? 그러나 교육자로서는 더없는 영예가 아닌가. 그는 인간에 대한 깊은 통찰과 이해를 바탕으로 연주한 스승 셔먼의 인문학적 정신을 제자들에게 물려주고 있다. 제자인 임윤찬이 리스트의 〈단테 소나타〉를 연주하기 위해 단테의 《신곡》을 통째로 외울 정도로 읽었다는 놀라운 일화는, 스승인 러셀 셔먼이 강조한 인문학적 소양 중심의 음악교육을 이어받은 결과이기도 하다. 손민수에게 한 발짝 더 다가가 본다.

손민수는 사람을 향한 따뜻한 예술가이다. 그는 음악가로서 반드시 해야 할 일로, 소외된 이들을 직접 찾아가 들려주는 연주를 하는 것을 꼽는다. 연주자의 위대한 업적이란, 콩쿠르에서의 우승이 아니라, 공연장에 오기 힘든 이들에게 또 다른 우주를 열어주는 일이라고 일깨운다. 그러한 신념을 따르고자 하는 임윤찬의 당찬 의지도, 그가 물려받은 사람 중심의 예술관도 모두 깊은 울림을 준다.

손민수는 큰 스승이다. 콩쿠르에서 우승하고 귀국한 임윤찬이 기자회견장에 입장했을 때였다. 손민수가 다가가더니, 제자에게 '공손히' 고개 숙여 경의를 표했다. 그 광경은 오래도록 내 마음에서 사라지지 않는 풍경이 되었다. 스승의 고개 숙임에 당황한 임윤찬의 붉어진 얼굴도 아직 눈에 선하다. 명성 면에서 본다면, 스승과 제자의 위상이 완전히 뒤바뀌어 버린 묘한 순간에 보여준, 스승의 빛나는 모습이었다. 나는 그의 모습에서 겸손한 인품과 너른 도량, 스승으로서의 품격을 함께 읽었다.

공번孔磻의 제자 이밀李謐이 부단한 노력 끝에 드디어 스승의 학문을 능가하게 되었다. 공번이 이밀에게 말했다. "나는 이제 그대에게 더 이상 가르칠 것이 없소. 이제부터는 내 스승이 되어 나를 가르쳐 주시오." 사람들은 청출어람靑出於藍을 실현한 이밀도 훌륭하지만, 제자에게서 배움을 구한 공번의 용기와 겸손이 더 빛났다고 칭찬한다. 제자를 스승으로 삼으려 했던 공번과, 제자의 성취에 절로써 존경을 표한 손민수, 두 스승 모두 진정한 사제관계란 무엇인지 우리에게 묻는다. 둘의 스승다움은 레오나르도 다 빈치의 스승 안드레아 델 베로키오가 제자의 천재성을 발견한 순간 붓을 던지고 다시는 들지 않았던 일에 비하면 얼마나 대조적인가. 오귀스트 로댕이, 제자인 천재 조각가 카미유 클로델의 성장을 집요하게 견제하고 방해하여, 종국에는 파멸의 길로 들어서게 했던 비열함에 비하면, 얼마나 큰 도량인가.

나는, 세계 지성사에 '가장 아름다운 사제간 우정'으로 회자되는 스승 장 그르니에와 제자 알베르 카뮈의 교유를, 한없이 부러운 마음으로 다시 한번 들여다본다.

> 『…선생님, 가능하다면 제게 빛을 밝혀 주십시오.…선생님에 대한 우정을 간직할 수 있게 해주십시오. …』
>
> 『…자네가 보여주고 있는 우정의 견고함에 난 기쁘지 않을 수 없다네. 자네의 작품을 읽으면서 점점 더 커다랗게 일어나는 나의 감탄 어린 마음은 이미 오래전부터 자네에 대한 깊은 존경의 마음과 어우러져 왔네. 예전에는 자네가 바리새인처럼 유아독존의 독단가가 되는 것은 아닐까 하고 두려워했는데 말일세. 그렇지만 자넨 금방 젊은이다운 오만에서 벗어났고 그럼으로써 이미 진정한 위대함에 도달해 있었네.…』
>
> – 《카뮈–그르니에 서한집》

그르니에가 없었다면 '작가 카뮈'도 없었다. 그르니에는 카뮈의 청소년기부터 평생을 지켜보며 창작과 집필활동에 아낌없는 지지와 영감의 원천이 되어준, 카뮈의 스승이자, 축복이자, 운명이었다. 스승은 제자의 첫 독자가 되어 진솔한 비평으로 조언을 아끼지 않았고, 두 사람은 사제지간을 넘어 인간 대 인간으로서 깊은 우정을 나누며 지적으로 함께 성장해 나갔다. 카뮈가 노벨문학상을 수상하자 사람들은 그가 이제 스승 곁을 떠날 것으로 생각했다. 하지만 카뮈는 그러지 않았다. 사제는 여전히 서로를 존경하며 의견을 나누었다. 사실 그르니에는 카뮈의 스승으로만 알려지기에는 매우 아까운 인물이었다. 그 자신 프랑스의 지성으로 불리며 20세기에 인상적인 족적을 남긴 철학자요, 위대한 작가였기 때문이다. 그러나 스승보다 더 깊은 쪽빛이 된 제자를 위해 그르니에는 스스로 그림자가 되고, 자신을 한껏 낮추어 기꺼이 카뮈의 거름이 되고자 한 스승이었다. 그는 '너무나도 큰 제자'의 스승이라는 숙명을 받아들였다.

  나는 나의 마음 따스한 두 예술가가 그르니에와 카뮈가 걸었던 우정의 길을 오래도록 기억해 주기를 바란다.

  어린봉황의 소리가 늙은 봉황의 소리보다 청아하고(雛鳳淸於老鳳聲), 장강의 뒷물결은 앞물결을 밀어내는(長江後浪推前浪) 법이다. 그러나 강물은 안다. 밀든 밀려나든, 앞물결과 뒷물결은 바다에 이르러 결국 하나가 된다는 것을.

그 누구의 죽음도 나를 줄어들게 하나니

영화 〈누구를 위하여 종은 울리나〉 또는 동명의 소설이 생각날 때마다, 늘 함께 따라오는 한 편의 글이 있다. 존 던의 〈기도문〉이다.

세상 누구도 외딴섬이 아닐지니, 모든 인간은 대륙의 한 조각, 전체 중 일부이다. 만일 흙덩이가 바닷물에 씻겨 내려가면, 유럽은 그만큼 줄어드는 것이며 …(중략)… 그 누구의 죽음도 나를 줄어들게 하나니, 그것은 내가 인류에 포함되어 있기 때문이다. 그러니 누구를 위하여 종이 울리는지 알아보려고 사람을 보내지 말라. 종은 그대를 위하여 울리는 것이므로.

영국의 시인이자 성직자였던 존 던은 〈기도문〉에서, 모든 인간은 섬이 아니기에 혼자서는 존재할 수 없고, 세계와 긴밀하게 연결되어 있다고 웅변한다. 이 글에는 당신도 죽음에서 예외일 수 없다는 경고도 있지만, 나에게 더 큰 울림을 주는 메시지는 그 누구의 죽음이든 인류 전체의 처지에서 보면 결국 손실이라는, 묵직한 인류애와 연대의식이다. 대륙의 흙 한 줌이 씻겨 나가면 대륙이 그만큼 줄어드는 것처럼, 어느 누구의 죽음도 인류라는 대륙의 한 부분인 나를 줄어들게 하는 것이라니. 400년 전 한 박애주의자의 가늠할 수조차 없이 큰 인류애와 연대의식 앞에서, 나는 인간으로서의 내 존재를 다시 성찰하게 된다.

잘 알려진 대로 영화의 원작인 헤밍웨이의 소설 〈누구를 위하여 종은 울리나〉는 존 던의 〈기도문〉에서 영감을 받아 제목을 취했을 뿐만 아니라, 소설의 처음부터 이 〈기도문〉의 인용으로 시작하고 있다. 그런데 소설을 통해 헤밍웨이가 전하고자 하는 메시지는 무엇일까?

스페인 내전은, 비록 다른 나라의 아픔일지라도 그것은 곧 지구 전체의 아픔이므로 결국 나의 아픔이라는 인류애가 실현된 전쟁이었다. 주인공인 미국의 지식인 로버트 조던은, 자기와는 아무 상관도 없는 먼 나라 스페인의 파시스트와 공화파 간의 내전에 공화파를 지지하는 국제의용군으로 참전한다. 자유와 평등의 가치를 갈망하는 스페인 국민과 인류 전체에 대한 굳건한 연대의식을 실천하기 위해서이다. 그는 전쟁터에서 마리아라는 여인을 사랑하게 되었을 때, 사랑과 신념 사이에서 고뇌하다가, 결국 인류에 대한 책임감이라는 이름의 죽음을 선택한다. 타국의 전쟁과 타자의 죽음도 궁극적으로는 자기 삶의 일부임을 깨닫고 있었기 때문이다.

이 소설은 헤밍웨이가 사상적으로 이전의 개인주의에서 공동체의식으로 발전한 시기, 작가의 세계관을 엿볼 수 있는 작품이다. 〈누구를 위하여 종은 울리나〉, 소설의 제목과 시작 부분을 존 던의 글을 인용한 것에서 우리는 개인과 인류의 운명 전체와의 연관성을 드러내고자 하는 작가의 의도를 알아챌 수 있다. 주인공 조던의 인류에 대한 연대의식과 그것을 위한 자기희생이라는 신념은 헤밍웨이 자신이 갖고 있던 영웅적인 정신의 표출로, 바로 그러한 점이 이 소설을 20세기의 걸작으로 남게 한 위대함일 것이다.

'연대의식은 기쁨이 아닌 고통을 겪으면서 탄생한다.'

'공감(empathy)'의 어원이 그리스어 '안으로 들어가서 함께 고통을 겪고 느끼다(empatheia)'임을 알고 나면, 충분히 수긍할 수 있는 말이다. 세계는 지난해부터 코로나19 사태로 인한 고통을 함께 겪으면서 인류는 다 같이 한배를 탄 공동운명체라는 생생한

교훈을 얻었다. 그리하여 타자의 슬픔은 곧 나의 슬픔이 되고, 타자의 행복은 곧 나의 행복이 된다는 이치도 깨달을 수 있게 되었다. 우리의 삶의 자세가 '나-지금-여기-이것'에만 연연하여 머물러 있으면 안 되는 까닭이 여기에 있고, 세계 평화와 공존을 위한 인류 공동의 과업에 기꺼이 동참해야 하는 까닭 또한 여기에 있다.

마침내 지난해 12월부터 전 세계인의 염원이었던 코로나19 백신의 접종이 시작되었다. 그리하여 세계는 가까운 미래에 그 고통으로부터 해방될 수 있다는 희망을 품게 되었다. 이는 심각한 부작용의 위험을 무릅쓰고 "내 몸에 바이러스를 넣어 달라"고 말하며, 기꺼이 백신 임상시험에 참여한 수많은 이들이 있었기에 가능한 일이었다. 그들은 모두 '대륙을 이루는 한 조각'들이었으며, 먼 타국의 전장에 몸을 던졌던 '로버트 조던'들이었다. 아직 안전성이 확인되지 않은 백신의 임상시험에 참여한다는 것은, 조던처럼 인류에 대한 투철한 연대의식과 깊은 인류애를 지닌 자만이 감행할 수 있는 일이기 때문이다.

인류의 공동 과업에 기꺼이 자신을 내어준 그들 앞에, 나는 경외의 마음으로 고개를 숙인다. 그들의 용기 있는 선택은 인간이 인간을 믿는다는 것이 어떤 방식으로 희망이 되는지를 온몸으로 증명해 보였다. '그 누구의 죽음도 나를 줄어들게 하나니, 그것은 내가 인류에 포함되어 있기 때문이다.' 타인의 고통을 나의 문제로 느낄 수 있다는 것, 그 감각이 윤리가 되고 실천이 되는 순간에야 비로소 우리는 서로를 지탱하는 존재로 거듭난다. 누구도 외딴섬으로는 살아갈 수 없다. 총을 들고 싸우는 일이든, 팔을 걷고 주사기를 받아들이는 일이든, 본질은 같다. 한 사람의 결단이 대륙 전체를 살린다는 믿음, 그 믿음을 간직한 이들에게 깊은 감사와 존경을 바친다.

견뎌낸 문장들, 살아남은 영혼들

 문학은 파도 위를 헤엄치는 영혼의 목소리에서 피어난다. 글쓰기는 세상과 맞서 존재를 증명하는 고유한 춤이다. 고대에서 오늘에 이르기까지, 위대한 문호들의 삶을 떠올릴 때마다 나는 묻는다. 무엇이 그들의 글을 천년의 물결 속에서도 사라지지 않는 숨결로 이어지게 했는가.

 중국 초나라의 시인 굴원은 진흙탕 같은 정치의 소용돌이 속에서도 혼자서 맑은 물길을 따라 걸었다. 왕의 총애를 받던 그는 간신들의 시기와 모함으로 유배를 당했고, 울분과 슬픔을 견디며 《이소》를 썼다. 그 안에는 임금에 대한 신의와 우국충정, 그리고 이상세계를 향한 내면의 고뇌가 절절히 담겼다. 결국 그는 멱라수의 물결 속으로 몸을 던졌지만, 그의 죽음은 허망하지 않았다.

글 속에서 그는 여전히 홀로 맑음을 지키며 후대에 천고의 문학을 남겼기 때문이다.

사마천은 궁형의 치욕 속에서도 붓을 놓지 않았다. 가문의 유업을 이어가기 위해 고통을 온몸으로 견디며 완성한 《사기》에는 단순한 연대기 이상의 의미가 담겼다. 수많은 인물의 운명을 소환하고, 그들의 삶을 통해 인간이란 무엇인가를 묻는 서술은 곧 문학이자 철학이었다. 권력의 망각 속 이름들을 역사 속에 다시 세운 그의 붓끝은 인류 정신사에 꺼지지 않는 등불이 되었고, 치욕을 꿰뚫고 나온 언어의 승리는 수천 년 뒤에도 인간이 고통을 견디는 이유와 글쓰기의 힘을 일깨운다.

조선의 대학자 정약용은 유배지의 숲길을 걸으며 수많은 글을 남겼다. 중풍과 고립이라는 고통 속에서도 그는 애민과 휼민의 깊은 사유를 이어갔다. 《목민심서》와 《경세유표》는 단지 학문적 성취가 아니라, 억압 속에서도 국가와 사회를 향한 책임을 놓지 않은 기록이다. 유배 중 지은 한시들에는 참혹한 현실 앞에서 절규하는 백성들의 목소리를 담았고, 고통 속에서도 백성들을 향한 마음만은 접지 않았다. 그는 글을 통해 슬픔과 상처를 견디며 백성을 향한 시선을 위대한 학문과 문학으로 길어 올렸다.

인도네시아의 문호 프라무댜는 군사 독재 정권 아래 구금되었지만, 글을 포기하지 않았다. 필기도구의 사용이 제한된 환경에서 그는 동료 죄수들에게 구술로 이야기를 들려주고, 후에 이를 정리하여 소설로 출간했다. 그렇게 태어난 《부루 4부작》은 식민과 독재의 폭력 속에서도 꺼지지 않는 인간의 자유 의지를 증언했다. 그의 삶이 투옥, 검열, 억압으로 고립되어 있었음에도, 그의 서사는 자유의 불씨가 되어 사람들의 마음속 깊이 퍼져나갔다. 그의 글은 감옥 안에서 시작되었지만, 세계의 독자에게 도달하였고, 인간이 언어를 통해 자유를 지켜내는 방식을 증명했다.

동서고금을 막론하고 위대한 문호들의 길은 평탄하지 않았다. 단테는 추방지에서 《신곡》을 썼고, 밀턴은 실명 속에서 《실낙원》을 완성했다. 체호프와 카프카, 조지 오웰은 가난과 병마, 시대의 불의와 싸우며 글을 남겼다. 이육사, 한용운, 윤동주는 나라 잃은 시대 속에서 울분과 슬픔을 시로 토해냈다. 이들의 공통점은 분명하다. 문학은 안락한 방안에서 태어나지 않는다는 것이다. 언제나 고통과 투쟁, 침묵과 고독 속에서 움튼다.

이들을 떠올리며 나는 '글은 무엇을 위해 존재하는가' '글의 근원은 무엇인가'를 생각한다. 글쓰기는 숨겨진 진실을 어둠 속에서 건져 올리는 일이자, 결코 멈출 수 없는 몸부림이다. 또한 글은 한 개인의 기록을 넘어 시대를 건너 다른 영혼에게 닿는 편지이자 등불이다. 굴원이 유배지에서, 사마천이 치욕 속에서, 프라무댜가 감옥에서, 정약용이 천 리 밖에서 붙잡은 것도 바로 이 편지였다.

　오늘날 노골적인 검열이나 유배는 거의 사라졌지만, 다른 방식의 침묵과 망각은 여전히 우리를 에워싼다. 넘쳐나는 정보 속에서 진실은 쉽게 묻히고, 소비되는 언어는 쉽게 휘발된다. 그렇기에 지금의 글쓰기도 여전히 시대와 맞서야 한다. 문학은 단순한 취미나 자기표현의 도구가 아니다. 그것은 삶을 떠받치고, 공동체의 기억을 지켜내는 최소한의 방패이자 등불이다.

　한 사람의 글이 세월을 견디는 이유는 단순한 미문이나 지적 유희 때문이 아니다. 삶을 걸고, 고통을 견디며, 진실을 증언하려는 몸부림에서 비롯된 것이기 때문이다. 글은 결국 인간의 존엄을 지켜내는 최후의 언어다. 이들의 각기 다른 고난의 흔적은 한 가지를 증언한다. 문학은 끝내 사라지지 않고, 인간 존재의 존엄을 밝히는 증표라는 것이다.

　오늘 내가 쓰는 글 또한 그 거대한 흐름 속 한 방울일 뿐이다. 언젠가 사라질지도 모르는 미약한 흔적이지만, 언어가 언어를 불러내 한 사람의 독자와 만나 진솔한 대화를 나누는 순간이 있다면 그것으로 충분하다. 그래서 나는 오늘도 책상 앞에 앉아 펜을 든다. 창밖 어스름 속에서 나뭇잎이 흔들리는 소리를 들으며 몇 줄을 더 적어 넣는다. 언젠가 누군가가 고개를 끄덕이며 "그렇구나, 그랬구나." 하고 응답해 주기를 바라는 마음으로.

나는 알고 있다. 그 '응답'은 결코 쉽게 오지 않는다는 것을. 글을 쓰며 스스로의 한계와 세상의 벽에 흔들릴 때도 있지만, 그럼에도 이 길을 버리지 못한다. 나의 글이 이미 나를 넘어선 어떤 세계와 연결되어 있을 것임을 믿기 때문이다. 나의 글이 세상을 구원하지는 못할지라도, 상처받은 외로운 한 영혼에게 따스하게 가 닿기를 바란다. 이 믿음이야말로 내가 펜을 붙잡는 가장 큰 이유다.

세월을 견디는 글은 저 먼 곳에 있는 것은 아닐 것이다. 그것은 오늘의 작은 기록, 흔들리는 문장, 미완의 단락 속에서 이미 피어나는 것이리라. 오늘밤 나는 굴원이 울분으로 시를 읊조리던 물결, 궁형 속에서도 붓을 움켜쥔 사마천의 손끝, 감옥 안 동료들에게 이야기를 속삭이던 프라무댜의 숨결, 유배지 숲길을 거닐며 백성을 걱정하던 정약용의 그림자를 마음 깊이 새긴다.

초라한 나의 글도 누군가의 밤에 온기 한 줌으로 스며들길 꿈꾸며, 책상 앞에 자세를 고쳐 앉는다.

제4부
그 어둠 속의 빛

콘트라베이스
연민은 어떻게 세상을 구원하는가
슬픔을 껴안는 소리
시시포스의 휘파람
'모두 다 사라진 것은 아닌 달'의 잔향
풍장
세발솥 아래 발들의 숙명처럼
선물
장미 도둑
행복한 인질

콘트라베이스

"지휘자는 없어도 연주는 된다. 하지만 콘트라베이스가 없으면 음악은 완성되지 않는다."

파트리크 쥐스킨트의 《콘트라베이스》 속 주인공의 말이다. 처음엔 음악에 관한 단순한 문장이라 여겼다. 하지만 이야기에 빠져들수록 그것이 삶의 가장 낮은 음에서 길어 올린 하나의 통찰이었음을 알게 되었다.

《콘트라베이스》는 1인극 형식의 희곡이다. 주인공은 국립 오케스트라의 콘트라베이스 주자이다. 그는 늘 무대의 가장자리, 조명 바깥에서 2미터가 넘는 악기를 끌어안은 채 선다. 처음엔 자부심이 있었지만, 시간이 흐르며 아무도 자신을 바라보지 않는다는 사실이 그의 내면을 서서히 무너뜨린다. 오케스트라의 서열은 계급사회처럼 엄격하고, 콘트라베이스는 흔히 배경음 정도로만 여겨진다. 그는 무대 앞줄에서 찬란한 빛을 받는 소프라노를 사랑하지만, 감히 다가서지 못한다. 그녀는 물론 관객조차 그의 존재를 인식하지 못한다. 그는 종종 자신의 악기를 미워하고, 음악을 의심하며, 자기 존재를 부끄러워한다. 그러나 그 낮은음이 사라지는 순간, 음악 전체가 무너진다는 사실을 그는 누구보다 잘 알고 있다. 들리지 않아도 반드시 있어야 하는 소리, 그것이 그에게 주어진 자리이자 감내해야 할 운명이다. 이 작품은 무대 뒤편에서 조용히 자리를 지켜온 이들의 내밀한 고백이자, 소시민의 삶을 비추는 깊은 은유이다.

  앞줄에서 찬란한 선율을 뿜어내는 바이올린이나 성악가가 주목받는 동안, 무대 뒤편 가장자리에서 낮고 깊은 울림을 내는 콘트라베이스의 존재는 좀처럼 귀에 닿지 않는다. 콘트라베이스는 현악기 중 가장 크고, 가장 낮은 음을 낸다. 그 음은 단지 배경이 아니라, 모든 선율의 기초가 되는 리듬과 화성의 중심이다. 콘트라베이스가 빠진 음악은 단단한 바닥 없이 떠 있는 듯한 인상을 준다. 세상도 다르지 않다. 무대 위에서는 찬란한 음들이 빛나지만, 그 사이를 채우는 낮은 진동이 있다. 그 고요한 음이야말로, 묵묵히 제자리를 지키는 이들의 존재처럼, 이 세계를 견디게 하는 보이지 않는 중심일지도 모른다.

그 낮은 음은 단순한 배경이 아니라, 삶의 가장 깊은 곳을 조용히 어루만지는 울림이다. 사람은 본능적으로 낮은 소리에 안정감을 느낀다. 그것은 태중에서 들었던 심장 소리와도, 대지의 숨결과도 닮았기 때문이다. 콘트라베이스의 울림은 귀를 넘어 마음 깊숙이 스며든다. 기쁨을 끌어올리는 건 높은 음이지만, 슬픔을 감싸안는 건 낮은 음이다. 높지 않기에, 화려하지 않기에, 그 음은 더 쉽게 외로운 이에게로 가닿는다.

오래전 읽었던 동화 하나가 떠오른다. 학예회 연습 시간, 무대 맨 뒤편에서 큰북을 맡은 아이가 있었다. 그는 누구보다 성실히 연습했지만, 아무도 알아주지 않는 역할에 서운함이 점점 쌓여갔다. 그리고 학예회 당일, 일부러 큰북을 치지 않았다. 순간 정적이 흘렀고, 모두가 "네 차례잖아. 이 중요한 순간에 왜 치지 않는 거야?"라는 눈으로 그 아이를 바라보았다. 아이는 그제야 깨닫는다. 아무도 주목하지 않았지만, 그 자리가 얼마나 중요한 곳인지를.

"지휘자가 없어도 연주는 되지만, 콘트라베이스가 빠진 음악은 완전하지 않다."

이 말은 무대 뒤편에서 묵묵히 살아가는 이들에게 건네는 위로이자, 조용한 존엄의 목소리다. 누구의 환호도 받지 못한 채 하루를 견디는 이들, 빛나지 않아도 자신의 자리를 끝내 지켜낸 이들에게 나는 말하고 싶다. 당신이 있어 음악은 온전해진다고.
 '소시민'이라는 말은 누군가에게는 겸손의 표현일 수 있지만, 때로는 체념과 자조를 강요하는 말처럼 들린다. 아무리 애써도 빛날 수 없다는 단념, 사회의 뒤편에서 점점 희미해지는 존재감이 그 단어에 무게를 더한다. 그러나 나는 믿는다. 무대의 뒷줄이야말로 세상이 무너지지 않도록 조용히 받치고 있는 자리라는 것을. 새벽을 여는 청소노동자의 발걸음, 장애인을 돌보는 사회복지사의 인내, 삼복더위 속 하수구에 들어가 몸을 구부린 채 작업하는 노동자의 허리…. 그들은 조용하지만 분명한 울림을 낸다. 세상을 떠받치는 진동은 언제나 낮은 곳에서 일어난다.
 그러나 우리는 자주 잊는다. 콘트라베이스조차 누군가에게는 한없이 부러운 자리일 수 있다는 사실을. 무대라는 세계에 발을 디딜 수 있다는 것, 함께 연주할 수 있다는 것, 어디선가 누군가와 더불어 울림을 만들어낼 수 있다는 그 사실 자체가 이미 커다란 축복이다. 무대의 뒤편은 결코 초라한 자리가 아니다. 책임과 자부심이 깃든 자리이며, 비록 보이지 않아도, 사라지지 않는 심장처럼, 세상을 움직이는 진동처럼 소중한 곳이다.
 삶은 본디 견뎌내는 일이다. 그 견딤은 비굴함이 아니라, 가장 인간적인 품위와 용기를 지닌 행위이다. 중요한 것은 무엇을 참고 버티는가가 아니라, 그 인내를 통해 어떤 의미를 만들어내는

가이다. 각자의 자리에서 자신만의 음을 지켜내는 일은 존엄하고 값진 일이다. 그 낮고 묵직한 음들이 모여 인생이라는 곡을 완성시킨다.

그러니 오늘도 묵묵히 일터로 향하는 세상의 콘트라베이스들이여, 당신이 있어 음악은 계속되고 있다. 들리지 않아도, 눈에 띄지 않아도, 당신의 울림은 이 세계를 조율하고 있다. 당신의 낮고 묵묵한 울림 덕분에, 우리는 또 하루를 버텨낸다.

연민은 어떻게 세상을 구원하는가

　초등학교 5학년 봄방학 때, 외갓집에 놀러 가 며칠째 머물고 있었다. 어느 날 오후, 마루에 앉아 있는데 낯선 아주머니 둘이 대문 안으로 들어섰다. 한 사람은 평범한 시골 여인이었고, 그보다 젊은 여인은 한복 위에 연두색 공단 털배자를 맵시 있게 차려입은 귀부인이었다. 이웃집에 간 어른들을 기다리는 사이, 나는 귀부인이 안내받은 윗방에 앉아 살며시 손거울을 들여다보는 모습을 방문 틈새로 엿보고 있었다. 나와 눈이 마주치자, 귀부인이 쑥스러운 듯 엷은 미소를 보내왔다. 고왔다. 그런데 입가의 미소와는 달리 두 눈에는 어떤 슬픔 같은 것이 고여 있는 듯했다.
　당시 외갓집에는 외당숙이 농사일을 거들며 더부살이하고 있었다. 어눌하고 한없이 착하기만 하여, 도무지 화를 낼 줄 모르는 아저씨를 사람들은 숙맥이라며 업신여겼다. 한 번 장가를 들었던 적이 있는데, 신혼 시절 새댁이 집을 나가 버리자, 동네에선 아저씨가 내소박을 맞은 것이라고 수군댔다. 외삼촌은 늘 아저씨가 걱정이었다. 아저씨가 어서 다시 제짝을 만나, 가정을 이루고 살아가길 바랐다.

 귀부인이 찾아온 것은 아저씨와 선을 보기 위해서였다. 양쪽 다 첫 결혼에 실패한 처지였다. 머슴이나 다름없는 무학의 시골 홀아비와 도시의 부잣집 고명딸로 여고까지 다녔다는 귀부인은, 누가 보아도 서로에게 어울리지 않는 상대였다. 다만, 답답하리만치 착하고 인정 많은 심성은 양쪽이 똑같았다. 누군가의 눈에는 바보온달과 평강 공주의 조합처럼 보였을 그분들은, 무엇이 급해 그리 서둘렀을까. 두 사람은 곧바로 부부가 되었다. 그런 데에는 은밀하고도 절박한 사연이 있었다는 것을 나는 어른이 되고서야 비로소 알게 되었다.

 온실 속 화초처럼 곱게 자란 아주머니는 시골의 부잣집 아들과 연애로 결혼했다. 그러나 시어머니와 남편은 농사일과 집안일을 할 줄 모른다는 이유로 심한 구박 끝에 아주머니를 내쫓아 버렸다. 소박이었다. 어린 아들 하나를 남겨둔 채였다. 친정에서 출가외인이라며 받아주지 않자, 아주머니는 갈 곳이 없었다. 거기에다 뒤늦게 홑몸이 아닌 것을 알고는 하늘이 무너지는 것만 같았다.

 어수룩해서였을까? 동병상련 때문이었을까? 여인이 홑몸이 아니라는 것은 아저씨에게 아무런 문제가 되지 않았다. 다만 그 여인이 견딜 수 없이 가여웠다. 가진 것은 아무것도 없었지만, 하루빨리 세상에서 가장 가련한 여인의 지아비와 뱃속 아기의 아비가 되어 두 생명을 거두어 주고 싶은 마음뿐이었다. 거기에다 꿈속에서나 만나볼 수 있는 여인의 음전하고 귀티 나는 자태는, 홀아비의 가슴을 온통 뒤흔들어 놓고 있었다. 아주머니 또한 자신의 흠과는 별개로, 불쌍한 홀아비에게 자기가 보듬고 챙겨주지 않으면 안 될 것 같은 운명과 연민을 느꼈다. 일은 일사천리로 진행되었다.

 처마 낮은 초가삼간을 얻어 새살림을 차린 아저씨네는 가진 것이라곤 흥부네처럼 부부 금실뿐이어서, 예정된 칠삭둥이(?) 밑으로 연이어 남매를 낳았다. 아주머니는 등잔불 밑에서 아저씨에게 부지런히 글을 가르쳤다. 아주머니가 사람들에게 물었다. "제 남편이 어째서 숙맥인가요?" 천생연분이었다.

 어느 날 마음씨 착한 부부의 집에 '박씨' 하나가 툭 떨어졌다. 척박하나마 손바닥만 한 땅뙈기를 장만할 수 있는 돈이 생긴 것이다. 아저씨네가 병들어 오갈 데 없는 한 노인을 마지막까지 보살펴 드리기로 하고 받은 조그만 대가였다. 사실 단칸방이나 다름없는 옹색한 집에 노인을 들인다는 것은 누가 보아도 가당찮은 일이었다. 그러나 병든 노인의 처지가 애처로워 차마 외면할 수 없었던 데다, 우선 호구책의 문제도 절실했던 차에 이루어진 결과였다. 아저씨와 아주머니는 토굴 같은 윗방에 노인을 모시게 된 것을 늘 죄스럽게 여겼으나, 노인은 전혀 개의치 않았다. 오히려 떠돌이 노인인 자신을 거두어주고, 친부모에게 공경하듯 정성스레 병시중을 들어주는 아저씨 부부에게 감지덕지했다. 여섯 식구는 여느 집 3대처럼 여러 해 동안 웃음꽃을 피우며 한 가족으로 살았다.

그런데 노인의 임종 직전 그의 실체가 드러나게 되었다. 가족이 없다던 노인은, 병든 자신은 돌보지 않고 재산 싸움만 일삼는 자식들에게 절망하여 가출한 사람이었다. 그는 상당한 재력가였다. 노인은 아저씨·아주머니에게 갖고 있던 돈을 남겨 주고 편안하게 눈을 감았다. 가난했지만 타고난 선량함으로 타인의 아픔을 보듬어주며 살았던 아저씨·아주머니도 '칠삭둥이' 장남의 지극한 효도에 의지하다가 평온하게 눈을 감았다. 마치 한 편의 동화 같기도, 전설 같기도 하여 근동에 소문이 자자했던 내 외당숙·외당숙모의 이야기이다.

'나는 윤리적인가?', '나는 휴머니스트인가?'라는 자문 앞에서 나는 언제나 가책과 부끄러움이 앞서는 사람이다. 그러므로 '어떠한 사람으로, 어떻게 살아갈 것인가'하는 문제는 어제도 오늘도 나의 고뇌이자 과제일 수밖에 없다. 그런 나에게 '타자 윤리학(타자에 대한 윤리적 책임을 강조하는 철학)'이라는 뛰어난 성취로 제1의 철학은 윤리학이라고 강조한 철학자 E.레비나스의 말이 오늘도 내 정곡을 찌른다.

> 우리가 인간적인 삶을 살기 위해서는 타자(약자)의 아픔을 나의 아픔으로 느낄 수 있어야 한다. 연민은 타자를 섬길 수 있는 윤리적 근원이며 세상을 구원하는 출발점이 될 수 있다. … 진정한 인간성을 지닌 인간이란, 타인의 고통을 보살피는 책임과 연대감을 느끼고 사는 사람이다.

그분들의 삶은 한때 나에게 수수께끼였다. 그저 '이상한 결혼'쯤으로 여겨졌다. 유아적이고 세속적인 시각으로 그분들을 바라보았기 때문이다. 그런데 어느 순간 가슴을 세차게 훑고 지나가는 것이 있었다. 아저씨와 아주머니는 진정 큰사람이 아니었을까? 현자가 아니었을까? 그분들은 고통받는 '타자의 얼굴'을 외면하지 않고 '기꺼이 받아들임'으로써 타자에 대한 연민과 책임감으로 점철된 삶을 살았던 분들이 아닌가. 그런 모습이야말로 바로 레비나스의 '타자 윤리학'의 핵심을 꿰뚫어 이해하고 실천한 윤리적 삶이 아닌가. 내가 난해한 레비나스 철학의 한 귀퉁이를 손바닥만큼이나마 들여다볼 수 있었던 것은, 아저씨·아주머니의 삶의 모습들이 텍스트 곳곳에서 나의 이해를 도와주었기에 가능한 일이었다. 그분들이야말로 참된 인간성을 지닌 채 삶을 마감한 진정한 휴머니스트요, 큰사람이자, 현자였음을 뒤늦게 깨닫는다.

슬픔을 껴안는 소리

벌써 십여 분이나 지났다.

네 살짜리 손자 승우가 반토막만 남은 과자를 움켜쥔 채 놀이터가 들썩이도록 울음을 토해내고 있다. 이웃집 할머니가 준 막대 과자 한 개를 손자가 너무 아까워 차마 먹지 못하고 요리조리 돌려보고 있을 때였다. 느닷없이 동네 개구쟁이 형이 나타나 아이의 과자를 톡 분질러 채가는 것이 아닌가. "으앙!" "아니야, 아니야!"만 서럽게 외치며 다른 과자는 싫다, 장난감도 싫다, 오로지 동강 난 그 과자가 본래 모습으로 돌아와야만 울음을 뚝 그칠 것만 같다. 이 상전을 어찌 달래야 할지, 초보 할머니의 등줄기를 타고 식은땀이 흘러내린다. '우는 아이에게 마두금馬頭琴 소리를 들려줘도 잠잠해질까?' 문득 엉뚱한 생각이 스쳐 지나간다.

몽골인들은 오래전부터 그들의 전통악기인 마두금이 영혼의 상처를 치유하는 신비로움을 지녔다고 여겨왔다. 단 두 줄로 된 마두금은 천변만화의 소리를 품고 있어, 곡에 따라 사람의 마음을 쥐어뜯기도, 용솟음치게도, 차분히 가라앉게도 한다. 고비사막의 유목민 마을에서는 종종 어미 낙타를 위한 마두금 연주회가 열린다. 낙타가 난산의 고통으로 제 새끼를 외면할 때, 마두금 소리를 들려줘 다시 모성을 되찾고 새끼에게 젖을 물리게 하려는 것이다.

허허로운 벌판 위, 갓 태어난 새끼에게 발길질을 해대는 어미 낙타 앞에서 한 연주자가 신들린 듯 마두금을 켜고 있다. 마을에서 자식을 제일 많이 낳은 노파는 낙타에게 다가가 얼굴을 쓰다듬으며 주술을 외듯이 노래 부른다. "그래, 새끼 낳느라 고생이 많았구나. 네가 큰일을 해내느라 몹시 힘들었던 게야. 암, 알고말고. 잘했어!"라는 내용이리라. 마두금 소리는 계속 이어지고, 마을 사람들은 저쪽에서 숨을 죽이며 지켜보고 있다. 얼마나 지났을까. 마두금 선율이 새끼의 울부짖음으로 들리는 부분에서였을까. 드디어 어미의 눈망울에 눈물이 고이기 시작하고, 이내 뺨 위로 흘러내린다. 그러고는 천천히 새끼를 받아들인다. 어디 그뿐이랴. 제 새끼 외에 다른 새끼에게는 좀체 젖을 물리지 않는 낙타의 습성에도 불구하고, 마두금 선율에 감화된 어미 낙타만은 눈물을 흘리며 어미를 잃은 다른 새끼에게도 제 젖을 내주어, 또 한 생명을 살려내기도 한다. 그 순간, 음악은 단순한 소리를 넘어 생명을 잇는 끈이 된다. 마법 같은 순간이다.

  그날 이후, 나는 손자가 막무가내로 울어대거나 심술을 부릴 때마다 마두금을 떠올렸다. 마두금처럼 아이의 마음을 달래줄 악기가 없을까 고심하던 중, 초등학교 4학년 때 큰언니가 내게 선물했던 하모니카를 생각해 냈다. 엄마에게 꾸지람을 듣거나, 세상이 온통 미운 사람들로 꽉 차 있다고 생각되는 날이면, 나는 홀로 뒤꼍으로 가서 내 보물과도 같은 하모니카를 불며 꽃과 나무에게 하소연하듯 속을 털어놓았다. 내가 부는 구슬픈 하모니카 음률에 젖어 나도 모르게 눈물이 핑 돌 즈음이면, 굳게 걸어 잠갔던 마음의 빗장이 저절로 풀어지고, 마음은 어느새 고요히 가라앉았다. 그렇게 나는 하모니카를 불면서 내 아픈 마음을 스스로 위로하고, 스스로 치유하는 법을 터득할 수 있었다.

  손자의 생일날, 나는 손자에게 하모니카를 선물했다. 마두금이든 하모니카든, 아이가 슬프거나 심술이 났을 때, 마음을 다독여 줄 수만 있다면 그것으로 충분하지 않겠는가. 평생 무거운 짐을 지고 척박한 사막을 걸어야 하는 낙타처럼, 인생이라는 길 위에서, 때때로 동강 난 과자처럼 마음이 부러지는 순간을 만나야 할 손자가, 부디 하모니카와 친한 친구가 되었으면 좋겠다. 언젠가 하모니카도 손자에게, 마두금처럼 누군가를 품을 수 있는 마음을 건네주었으면 한다.

시시포스의 휘파람

대중음악에는 문외한인 내가 한동안 '사랑이라는 이름을 더하여'라는 노래에 푹 빠져 지낸 적이 있다.

    삶이란 지평선은 끝이 보이는 듯해도, 가까이 가면 갈수록 끝이 없이 이어지고.
    …(중략) 눈사람이 녹은 자리 코스모스 피어 있네.…(중략)
    세월아 가려무나. 아름답게 다가오라. 지나온 시간처럼.

〈부활〉의 리더 김태원의 자작곡인데, 서정적인 노랫말과 김태원 특유의 수려한 멜로디가 절묘하게 어우러져 감동과 여운이 마음 깊숙이 와닿는 노래다. 특히 슬픔과 기쁨, 역경과 희망이 끊임없이 교차하는 우리네 인생길을, 아름답고 희망 어린 시선으로 바라보는 이 노랫말은 가히 절창이라 할 만하다. 이 노래를 휘파람으로 들려준 사람과 그에게서 '시시포스'의 모습을 보았던 일을 나는 잊을 수가 없다.

몇 년 전 여름, 연일 폭염이 기승을 부리던 때였다. TV에서 색이 짙은 양산이 체감온도를 10도나 낮춘다는 말을 듣고, 검은색 새 양산을 샀다. 그런데 3일 만에 양산살 하나가 탁! 하고 부러졌다. 고급스럽고 견고해 보여 망설임 끝에 산 것이라 더 속상했다. 외출할 일은 줄줄이 있는데, 마침 휴가철이라 애프터서비스를 맡기면 3주는 걸린다고 하고, 요즘은 우산 수리점도 찾기 힘들어 매우 난감한 상황이었다.

그러던 차에 동네 어귀에서 반갑고도 인상 깊은 장면을 보게 되었다. 40대쯤 되어 보이는 자그마한 남자가, 수준급의 휘파람 솜씨로 '사랑이라는 이름을 더하여'를 불며 땅바닥에 앉아 우산을 수리하고 있었다. 그 휘파람을 듣는 순간, 오래전 TV에서 합창곡으로 처음 들었던 기억이 되살아났다. 화면 속 방청객들과 함께 눈물을 훔쳤던 바로 그 곡이었다. 그가 우산 수리를 하는 것도, 기억 속의 선율을 다시 들려준 것도 고마웠다. 그는 쾌활하고 싹싹했다. 바로 옆에는 커다란 된장독과 간장 몇 병이 놓여 있었다. 된장장사와 우산수리를 겸업하는 듯했다.

양산을 맡겨놓은 후, 수리가 끝났다는 휴대전화 문자를 받고 달려가 수리비가 얼마인지 물었다. 그가 씨익 웃으며 손을 내젓더니, 반쯤 돌아간 골판지를 가리켰다. '우산, 양산 무료로 고쳐 드립니다.' 어머나! 각박한 세상, 더구나 요즘 같은 찜통더위에 이렇게 무료 봉사를 하는 사람이 있다니. 그러나 어떻게든 노고에 보답해야겠기에 된장독을 가리키며 된장을 달라고 했다. 그는 이번에도 씨익 웃으면서 손을 내젓는다. 된장을 팔기 위한 수단으로 우산을 고쳐 주는 것이 아니고, 단지 자기가 재능기부 차원에서 즐겁게 하는 일이니 그냥 가시란다. 그러면서 자기는 2주마다 이 동네에 오는데 수리할 일이 생기면 부담 없이 오시란다. 아, 이리도 거룩한 사람의 정체는 대체 누구란 말인가. 그의 손사래에도 불구하고, 그가 직접 담갔다는 된장 맛이 몹시 궁금해져, 실랑이 끝에 기어코 된장을 사고야 말았다. 한 손엔 분명 깊은 맛일 거라고 예감되는 된장 봉지를, 또 한 손엔 감쪽같이 고쳐진 새 양산을 들고 돌아오는 발걸음은, 그야말로 스·타·카·토·였다. 기대했던 대로 그의 된장은 나를 단번에 '된장무침의 달인'으로 격상시켜 준 숨은 공로자가 되었다.

  그는 된장장사와 우산 수리, 두 가지 일에 대단한 자부심을 느끼고 있는 것이 확실했다. 그의 옆을 지날 때면 언제나 휘파람으로 부는 노랫소리가 들려왔기 때문이다. 휘파람은 그의 트레이드

마크이자, 노동요이고, 삶의 찬가였다.

　하루는 땀범벅이 되어 일그러진 표정으로 철수레를 밀고 오는 키 작은 그를 목격하게 되었다. 즐거이 휘파람을 불며 일하던 모습만 보다가, 처음 보는 그의 표정이 퍽 낯설었다. 온몸의 근육과 핏줄을 총동원하여 수레를 밀고 있었지만, 수레는 시원스레 움직여주지 않았다. 시시포스가 산정으로 바위를 밀어 올릴 때의 모습이 꼭 저러했으리라. 나는 문득 그에게서 '시시포스'를 보았다. 아니, 인간의 운명을 보았다. 인간의 삶을 보았다. 커다란 된장독과 헌 우산살이 가득 찬 양동이를 실은 철수레는, 바로 시시포스가 산 정상으로 밀어 올리던 바윗덩이, 인간이 평생 밀어야 할 형벌의 도구였다. 그럼에도 그는 부조리한 삶을 받아들일 줄 아는 지혜로움이 있었기에, 무거운 수레를 미는 일을 자신의 주체적 의지로 행해야 하는 소명으로 알고, 운명의 주인공으로서 그 일을 기꺼이 받아들이는 사람이었다. 그는 반복되는 형벌, 곧 삶의 과정 자체가 의미 있는 일임을 스스로 깨달은 '행복한 시시포스'였다. 그의 휘파람은 바로 그 깨달음을 담은 선율이었다.

　'시시포스의 휘파람'을 만난 이후, 삶의 태도를 찾아 헤매던 내 방황이 비로소 고요히 잦아들기 시작한 것 같다. 누군가에게 '인생이란 어떤 것인가'에 대해 가냘프게나마 나의 언어로 한마디 건넬 수 있겠다는 생각이 들기 시작한 것도, 아마 그때쯤이었을 것이다.
 시시포스가 휘파람으로 부는 그 노래를 가까이서 다시 한 번 듣고 싶다. 양산아, 딱 한번만 더 고장 나도 좋으리!

'모두 다 사라진 것은 아닌 달'의 잔향

　북미의 인디언 아라파호족은 11월을 '모두 다 사라진 것은 아닌 달'이라 부른다고 한다. 황량하고 스산한 계절 어딘가에 온기 한 줌쯤 숨어있을 듯한 이름이 오래도록 가슴에 남아 있다. 그해 나의 11월도 그렇게 부를 수 있으리라. '모두 다 사라진 것은 아닌 달!'

　그분을 만난 것은 늦가을의 끝자락이었다. 시내에서 볼일을 마치고 귀가를 서두르는데, 험상궂은 날씨 때문인지 빈 택시가 눈에 띄지 않았다. 우산을 쓰고 차가운 비바람 속에서 한참 동안 기다린 후에야 가까스로 택시에 오를 수가 있었다.

　"오늘은 택시 잡기가 무척 힘드셨지요? 오래 떨게 해드려서 죄송합니다."

추위에 떨게 한 것이 마치 자기 잘못인 양, 기사가 정중히 인사하고는 히터 조절기를 살며시 올렸다. 나이 지긋한 영감님이었다. 검게 그은 얼굴에 골 깊은 주름살과 검버섯들이 신산했을 인생역정을 짐작하게 했으나, 부드러운 미소와 목소리에는 넉넉한 인간미가 배어 있었다.

차 안은 향내가 가득했다. 좌석 뒤 자그마한 모과 한 알이 뿜어내는 향이었다. 모과는 오래된 것인 듯, 진노란 거죽에 갈색 점들이 여기저기 박혀 있고 양 귀퉁이는 거무스름하게 변해가고 있었다. 저런 것에서 이토록 깊은 향이 나다니…. 나는 자꾸만 어깨를 들썩이며 숨을 길게 들이마셨다. 상큼하고 맑은 향내가 온몸으로 스며들면서 굳었던 몸과 마음이 서서히 풀리기 시작했다.

그런데 신호대기로 두 번째 사거리에 정차했을 때였다. 다리가 몹시 불편해 보이는 할머니 한 분이 목도리가 땅에 흘러내린 줄도 모르고 아무도 없는 횡단보도를 혼자서 힘겹게 건너고 있었다. 창밖을 내다보던 영감님이 내게 황급히 양해를 구하는가 싶더니, 용수철처럼 밖으로 튀어 나갔다. 그러고는 바람에 저만큼 휩쓸려간 목도리를 주워 인도를 걸어가고 있는 할머니에게 건네고는 휙 돌아섰다.

신호등은 건널목에 들어선 영감님을 지긋이 기다려주지 않았다. 처음부터 그 광경을 모두 지켜보고 있었을 운전자들 역시 마찬가지였다. 넓은 도로 한가운데에 홀로 고립된 채 비바람을 맞고 서 있는 작달막한 영감님이 얼핏 좌석 뒤 모과와 닮았다고 생각했다. 그분이야말로 향기로운 모과였다. 저쪽에서는 아직도 할머니가 뒤돌아서서 영감님을 멍하니 바라보고 있었다. 느닷없이 맡게 된 진한 모과 향에 취하기라도 한 것일까? 양손으로 우산대를 꼬옥 부여잡고 서 있는 할머니의 가녀린 몸이 조금씩 흔들렸다. 쌀쌀한 늦가을 오후, '늦가을 모과'가 만들어낸 향기로운 풍경이었다.

지금도 어디선가 쉬지 않고 세상 구석구석으로 향기를 실어 나르고 있을 그 영감님이 불현듯 떠오른다. 11월의 끝자락을 닮아, 온기라고는 모두 다 사라져 버린 것 같은 세상이, 그래도 '모두 다 사라진 것은 아닌 세상'이라 불릴 수 있는 것은, 영감님과 같은 '모과'들 덕분이리라.

자그마한 모과 한 알의 향내가 택시 안을 가득 채우고 있었듯이, 한 사람의 향기는 온 세상을 넉넉히 채우고도 남는다. 인향만리人香萬里를 떠올리게 하는 이 밤, 법구경의 말씀이 유난히 향기롭다.

> 꽃은 바람을 거슬러 향기를 낼 수 없지만, 사람이 풍기는 향기는 바람을 거슬러 사방으로 퍼진다.

풍장風葬

"친구네 조문하러 가서 밥 한술도 못 얻어먹고 왔니?"

자정이 다 되어 귀가한 작은아들의 저녁상을 차리며 내가 툴툴거리듯 물었다. 아들은 끊임없이 밀려드는 조문객에 밀려 예만 올리고, 상주에게 위로의 말 한마디조차 제대로 전하지 못했다고 했다. 식사 차례도 좀처럼 올 것 같지 않아 그냥 돌아왔단다. 상주와 절친한 친구에게조차 이런 푸대접이라니, 그 고인이 누구였는지 궁금증이 일었다.

아들이 가져온 조문 책자들을 펼쳐보니, 고인은 생각보다 훨씬 저명한 화가이자 문화계의 거목이었다. 이름만 들어도 알 만한 인사 800여 명이 장례위원회에 이름을 올렸고, 말기 암 판정 이후 고인을 둘러싼 사람들은 이별을 준비하듯 빈틈없는 장례를 준비해 왔던 모양이다. 마침 자정 뉴스에선 각계 인사들이 몰려든 그의 빈소와 조화 행렬이 화면을 가득 채웠다. TV를 바라보던 나는, 문득 세상 누구의 배웅도 받지 못하고 스스로를 애도하며 피안으로 떠났을 한 영혼을 떠올렸다.

무더위가 한창이던 작년 여름, 길을 가다 채소 좌판을 펼쳐놓고 있는 할머니를 발견한 순간, 나는 그 자리에 멈춰 서고 말았다. 하늘 저쪽 어딘가를 바라보는 것도, 바라보지 않는 것도 아닌 할머니의 모습에서 어떤 기시감을 느꼈기 때문이다. 어디서 보았을까. 애써 머릿속을 헤집어 본 후에야 가까스로 '내 세상 뜨면 풍장 시켜 다오.'로 시작하는 황동규의 시 〈풍장風葬 1〉을 생각해 냈다.

　　(전략)
　　바람 속에 익은 붉은 열매에서 툭툭 튕기는 씨들을
　　무연히 안 보이듯 바라보며
　　살을 말리게 해다오.
　　(중략)
　　바람 이불처럼 덮고
　　화장도 해탈도 없이
　　이불 여미듯 바람을 여미고

마지막으로 몸의 피가 다 마를 때까지
바람과 놀게 해다오.

그렇다. 내게 소멸해 가고 있는 망자의 모습을 처음으로 생생히 그려볼 수 있게 해준 시 속의 인물. 할머니는 바로 그 시 속에서 슬며시 빠져나와 '피와 살이 다 말라 버린' 채, 하늘가를 '무연히 안 보이듯 바라보며' 풍화되어 가고 있는 화자의 모습이었다. 구십이 다 되어 보이는 노인이 이 불볕더위에…. 숨을 들이쉬고 내쉬는 일조차 할머니에게는 여간 벅차 보이지 않았다. 어쩐지 이곳이 인적 없는 산야에 몸을 누이고 바람에 풍화되어 가는 풍장의 현장 같았다.

좌판을 내려다보았다. 대여섯 개의 소쿠리에 담긴 채소들은 하나같이 주인을 닮아 시들고 볼품없는 것뿐이었다. 얇아진 몸을 겨우 일으킨 후, 쪼글쪼글해진 가지와 꼬부랑 오이를 봉지에 담아 말없이 내게 건네기까지, 할머니의 움직임은 여름 해처럼 길었다.

불길한 예감은 왜 늘 빗나가지 않는 것일까. 열흘 후쯤 다시 그곳을 찾았을 때, 할머니 대신 손수레만 자리를 지키고 있었다. 옆자리 아주머니는 할머니가 고독사로 이미 고인이 되었다는 소식을 전해주었다. 결국 그렇게 가셨구나! 하나의 우주가 바로 우리 곁에서 사라지는데도 아무도 몰랐었다니. 할머니와 함께 차가운 비바람과 따가운 햇볕을 고스란히 견디어왔을, 거동도 할 수 없을 만큼 늙어버린 손수레가 홀로 주인의 빈소를 지키고 있는 듯한 모습엔, 짙은 외로움이 배어 있었다.

유명인사와 할머니의 죽음, 두 죽음의 차이만큼 그들의 생명의 가치에도 커다란 차이가 있는 것일까. 우리의 눈은 언제부턴가 크고 빛나는 것만 바라보느라 작고 초라한 것은 아예 볼 수 없도록 퇴화해 버린 것인지도 모르겠다. 그리하여 '보이지 않는 것'은 곧 '없는 것'이라는 무지를 안고 살아가는 것인지도. 지금 이 순간에도, 가장 잔인한 폭력이라는 '무관심'의 산야에 '보이지 않는 사람들'을 버려둔 채 풍장을 치르고 있는 '장례위원들', 그들은 과연 누구인가.

얼마 전, 혹독한 추위에 떨면서도 교통사고로 죽은 친구의 곁을 지키고 있던, TV 화면 속 누런 개의 모습이 생생하다. 할머니의 풍장은 곧 우리 시대의 슬픈 자화상이다. 살아있는 할머니를 위해서는 시원한 음료수 한 병 건네지 못했으면서, 죽은 사람을 위해서는 아들의 상복 차림새를 꼼꼼히 챙겨 내보냈던 내 안에도 뒤틀어진 세태가 고스란히 들어앉아 있다. 한 사람을 놓치고서야, 나는 내가 얼마나 멀리 있었는지 알게 되었다.

세발솥 아래 발들의 숙명처럼

 장례식장에서 문득 감탄이 일었다는 사실이 스스로도 민망했지만, 그 순간의 내 감정은 너무도 선명했다. K는 시아버지의 빈소에서 한복 대신, 블라우스에 발등까지 내려오는 좁은 스커트의 검은 양장 차림으로 차분히 조문객을 맞고 있었다. 저처럼 우아하고 맵시 있는 상제를 본 적이 있었던가. 슬픔을 품은 얼굴엔 고요가 서려 있었고, 음전한 몸짓에는 중년 여인의 기품이 배어 있었다. 그윽한 듯 깊은 품격에, 나는 잠시 넋을 잃고 그녀를 바라보았다.
 '저런 여인이 내 친구였구나!'
 가슴속에서 솟아오른 것은 단순한 감탄이 아니었다. 그것은 내가 존경하는 어떤 존재 앞에서만 느끼는 감정이었다. 나를 그 감정으로 이끈 이가 가까운 친구였다는 사실에 나는 새삼 놀라고 있었다. 그런데 가까운 친구로 말미암아 그런 기분에 휩싸였던 것은 이번이 처음은 아니었다.

언젠가 K를 포함한 친구 다섯 명이 몇 년 만에 미국에서 모여, 어느 정원에서 기념사진을 찍던 날이었다. 내가 친구들을 찍어줄 차례가 되었을 때, 수려한 풍경까지 사진 속에 모두 담고자 인물들과 멀리 떨어져 카메라 속을 들여다보며 구도를 잡고 있었다. 어? 나는 갑자기 카메라에서 눈을 떼고 C를 유심히 바라보았다. 평소 바지를 즐겨 입는 C가 오랜만에 차려입은 연갈색 원피스 아래 유난히 희고도 날렵한 그녀의 종아리가 도드라져 보였다. 발군의 각선미였다. 고상하고 지적인 이미지의 C에게서 고혹적인 아름다움을 발견한 순간이었다. 지성미와 고혹미는 양립 불가능한 것이 아니라, 함께 어우러졌을 때 오히려 더 깊은 매력을 발산한다는 사실을 처음으로 깨달았다. 그뿐인가. 더 크게 와 닿았던 것은, 평생 바지 속에 감춰둔 보석을 아무렇지 않게 품고 살아온 여심女心 너머 무심無心의 경지에 이른 듯한 그녀의 마음밭이었다. 요란하게 꾸미지 않되 아름답고, 드러내지 않되 빛나는 사람, C는 그런 여인이었다.

인생길에 마음 맞는 길벗이 있다는 것은 생각만으로도 여간 든든한 일이 아니다. K와 C! 때론 스승 같은 존경심을, 때론 연인

같은 그리움을 품게 하는 자별한 친구들이다. 애초 다섯 명이었던 여고 동창 모임에서 둘이 미국과 캐나다로 이민을 떠나버리자 남겨진 것은 K와 C, 나 달랑 셋뿐이었다. 초라해진 숫자에 처음엔 의기소침해지기도 하고, 모임이 해체되는 것은 아닌지 앞날이 은근히 걱정되기도 했지만, 기우였다.

  어쩌면 셋만 남겨졌던 순간부터 우리는 세발솥의 발들처럼 서로 벌어져 '간격 두기'를 해야 하는 숙명의 관계였는지도 모르겠다. 우리는 1년에 한두 번 만나는 것이 고작이었다. 다행히 셋은, 물리적 만남의 횟수나 겉으로 드러나는 밀착의 정도로 우정의 깊이를 재단하지 않는 성격상의 공통점과 각자 직장이 있었기에, 운명에 순응할 수가 있었다. 세 개의 발이 균형 있게 벌어져 솥을 받치고 있는 모습을 '정립鼎立'이라 하던가. 참말로, '3(三)'은 초라하거나 모자라는 숫자가 아니라, 가장 안정되고 넉넉한 숫자였다.

  (전략)
벌어질 대로 최대한 벌어진, / 한데 붙으면 도저히 안 되는,
기어이 떨어져 서 있어야 하는, / 나무와 나무 사이
그 간격과 간격이 모여 / 울울창창 숲을 이룬다는 것을
산불이 휩쓸고 지나간 / 숲에 들어가 보고서야 알았다.
                              -안도현 〈간격〉 중에서-

사랑과 우정은 '한데 붙어 있으면 도저히 안 되는' 나무들처럼, 너무 가까이 붙어있으면 제대로 자라지 않는다는 것을 나는 우리의 교유를 통해 깨달았다. 오히려 '벌어질 대로 최대한 벌어진' 거리를 유지하며 관조하고 기다릴 때, 관계가 더욱 깊어지고 완성된다는 사실을 알게 되었다. 향원익청香遠益淸이라 하지 않았는가. 향기는 멀어질수록 그 맑음이 깊어진다. 법정 스님은 친구 사이의 만남에는 서로의 메아리를 주고받을 수 있어야 한다며, 상호 간에 그 무게를 축적할 시간적인 여유를 가질 것을 권했다. 칼릴 지브란은 '함께 있되 거리를 두라. 그래서 하늘 바람이 너희 사이에서 춤추게 하라.'고 노래했다. 그 구절은, 내가 두 친구를 통해 얻은 깨달음을 잔잔히 되새겨준다.

그들은 내게 꾸준히 가르쳐왔다. 침묵의 의미를, 기다림의 미학을, 무심한 마음으로 살아가는 존재의 맑음을. 나는 그들을 관찰하는 자리에서 비로소 진심으로 이해하게 되었고, 깊이 사랑하게 되었다. 가까이 있었다면 알지 못했을 것이다. 저만치 떨어져 있었기에, 멀찍이서 바라보았기에 나는 비로소 그들의 깊은 결을 알아볼 수 있었고, 우리는 '울울창창한 숲'이 되었다. 물론, 그들도 나처럼 생각하고 있는지는 알 수 없다.

나는 최근 K의 집 부근을 몇 차례 지나치고도 굳이 전화하지 않았다. 그리움이 없어서가 아니라, 그리움이 더 오래 머물러 있기를 바랐기 때문이다. 언제나 침묵의 무게로 말없이 나를 일깨우는 그녀가 보고 싶다. 오늘따라 외국으로 장기간 여행을 떠난 C의 고즈넉한 미소도 그립다. 아직 정담鼎談의 시간은 멀지만, 그들이 가르쳐준 고요한 침묵과 묵직한 기다림으로 그날을 맞으려 한다. 그리움은 때로 말보다 깊은 대화가 되어, 말없이 서로를 품는 시간으로 익어갈 테니까.

선물

"에미야, 빨리 구리이 안 찾고 뭐하노."

오늘은 구렁이 꿈을 꾸신 모양이다. 요즘 어머니는 꿈과 생시의 경계마저 흐릿해지셨다. 어제와 오늘의 기억이 뒤섞이고, 마치 안개 속을 걷는 사람처럼 자꾸 어딘가로 멀어져 가시는 듯하다.

"구리이가 … 벽에 붙어있는데 … 우찌 그리도 길겠노."

분주한 아침 시간, 어머니의 꿈 이야기가 구렁이만큼이나 길다. 한 귀로 흘려듣다 말고 부엌으로 향한다. 마음이 바쁘다. 어머니가 드실 죽을 저으면서도 머릿속은 온통 한복집에 가 있다.

오늘은 예비며느리와 함께 한복을 맞추러 가는 날이다. 집을 나서니 아파트 마당에 봄빛이 가득하다. 4월의 설경, 아파트 단지 내 화단이 온통 하얀 목련꽃으로 뒤덮여 있다. 자세히 둘러보니 화단의 방향마다 개화의 정도가 각기 다르다. 우리 동 화단의 꽃들은 주먹만 하게 부풀어 올라 물을 머금은 듯 싱그럽다. 하얀 목련꽃 봉오리처럼 청순한 것도 없으리라. 예비며느리의 말간 미소가 떠오른다. 활짝 벌어진 후 하나둘 시들어가고 있는 앞 동의 꽃들은 내 자화상만 같아 슬그머니 고개를 돌린다. 정남향인 옆 동 화단의 한 나무에는 바싹 말라버린 갈색 꽃잎들이 아슬아슬 매달려 있다. 어머니의 육신처럼 만지면 금방이라도 바스러질 것 같은 가랑잎의 형상이다. 저처럼 처연하게 사그라지는 꽃이 또 있을까.

지하 주차장에서 나온 아들의 차가 내 옆에 바짝 다가와 선다. 무심코 막 앞문을 열려는데, 무언가 말을 꺼내려는 아들의 표정이 야릇하다. 아, 그렇지! 아들의 옆자리에는 당연히 '아들의 여자'가 앉아야 하는 것을. 이제부턴 마땅히 뒷자리로 물러나 앉아야 하느니. 차 안에 잠시 어색한 침묵이 흐른다. 아들의 옆자리에 익숙했던 나의 자리가 계절이 옮겨가듯 조용히 바뀌고 있었다.

도중에 '아들의 여자'가 합류하자 차 안은 갑자기 생기가 넘친다. 그녀가 타기 전과 후의 분위기가 영 딴판이다. 운전 중에도 저런 표정, 저런 웃음을 지으며 희고 가녀린 손을 꼬옥 붙잡고 있는 저 살뜰한 청년은 정녕 누구란 말인가. 청년의 모습에서 언뜻 총각 시절의 남편을 본다. 그땐 남편도 저러했었지. 미소가 지어진다. 그러나 곧이어 따라붙는, 소외감과도 같은 묘한 기분은 또 뭐란 말인가. '시어머니'란 바로 이런 기분을 극복한 선배들의 이름일 터이다. 갑자기 어머니가 몹시 보고 싶어진다. 아침에 꿈이야기를 좀 더 성의 있게 들어드릴걸. 그런데 가만! 구렁이 꿈이면 혹시 태몽이 아닐까? 증손주를 본 후 떠나고 싶어 하는 육친으로서의 간구가 혹시 태몽으로 발현된 것은 아닐까?

한복집 사장은 며칠 전 내가 미리 골라놓은 한복감 서너 가지를 내어놓는다. 빛깔들이 참 곱다. 이것저것 몸에 대보며 나와 아들에게 어떠냐고 묻는 예비며느리를 지켜보는 마음은, 세상에서 가장 고운 녹의홍상을 지어 입히고 싶은 욕심뿐이다.

어머니도 그러하셨다. 스물다섯 살의 며느리를 위해 노방천에 목련꽃 자수가 새겨진 웨딩드레스를 골라주신 후, 디자이너에게 세심히 신경 써달라고 누누이 당부하셨다. 어머니가 앉으셨던 그자리에 지금은 내가 앉아 또 다른 며느리를 지켜보고 있다. 언젠가 저 아이 또한 저의 시할머니가 앉았고, 시어미가 앉았던 이 자리에 앉아, 똑같은 마음으로 제 며느리를 지켜보게 되리라.

32년이란 세월이 언제 그렇게 훌쩍 지나가 버렸을까. 며느리의 웨딩드레스를 정성스레 골라주시던 마흔아홉의 젊디젊던 어머니는, 이제 말기 암과 치매로 나날이 사위어만 가고 있다.

영원히 머물러 있는 것이 어디 있으랴. 뉘라서 자연의 질서를 거스르겠는가. 아들이 내 품을 떠나는 것도, 새색시였던 내가 시어미가 되는 것도, 어머니가 먼 길 떠날 채비를 하시는 것도, 모두 자연의 섭리인 것을. 시들어 땅에 떨어진 꽃잎이 이듬해 또 다른 꽃잎을 피워 올리듯, 한 생명이 스러져감은 또 다른 생명의 탄생을 예고하는 전주곡일 터이니, 언젠가 다가올 어머니의 일을 겸허히 받아들이리라. 그리고 시어미가 되는 날, 신부의 다홍치마에 대추 밤과 함께 어머니의 태몽 선물, 흔쾌히 던져 주리라.

장미 도둑

저만치 앞에 그녀가 걸어가고 있었다. 아까 지하철에서 내 가방을 받아주었던 여인이다. 그녀는 핸드백과 커다란 약 봉투를 두 개나 끌어안고 있었다. 조금 피곤해 보일 뿐 어디가 많이 아픈 사람 같지는 않았다. 괜찮다고 사양했는데도, 자기 또래의 여자가 함께 앉아 가지 못하는 것이 미안했는지, 자꾸만 가방을 받아주고 싶어 해서 답례로 맡겼더랬다. 조신하고 기품 있는 자태였으나, 초점 없이 한 곳을 응시하며 무엇엔가 골똘해 있을 때는 시름이 깊어 보였다. 그녀도 나와 같은 역에서 내렸는데, 우리 집으로 가는 길목에서 다시 보니 내심 반가웠다. 뒷모습도 앞모습처럼 참 단정한 여인이라 생각했다.

우리 아파트 울타리 가까이 이르렀을 때, 그녀의 발걸음이 갑자기 느려지면서 보도블록 중심을 벗어나고 있었다. 이어 울타리를 따라 탐스럽게 피어난 덩굴장미 쪽으로 다가가 향기를 맡아보더니, 약 봉투와 핸드백을 땅에다 내려놓았다. 그러고는 주위를 살폈다. 불길했다. 나는 우리 동네 명물인 덩굴장미에 가해질 그녀의 '다음 행동'을 직감했다. 행인은 나밖에 없었다. 가까이 다가오고 있는 사람이 자기가 받아주었던 가방의 주인이라는 것을 아는지 모르는지, 그녀는 고개를 저쪽으로 돌린 채 구두 소리가 어서 지나가 주길 가만히 기다렸다. 제발 결행하지 말기를. 나는 단정하고 기품 있는 그녀가 나를 몹시 실망시키고, 주민들의 재산을 훼손하는 상황을 어떻게든 사전에 막고 싶었다. 좋은 수가 없을까? 그런데 내 직감이 확실하긴 한 걸까? 그녀와의 거리가 좁혀질수록 처음의 확신은 점점 자신을 잃어 가고 있었다. 괜히 망신만 당하고 후회할 수도 있다. 그녀를 막 지나쳤을 때였다. "따닥!" 뒤돌아보았다. 내 직감은 틀리지 않았다. 주민으로서의 의무와 그녀의 인상에 대한 묘한 배신감에 한마디쯤은 해주어야 할 것만 같았다. 지하철에서의 은혜를 생각하여 점잖은, 그러나 뼈 있는 말을 찾고 있을 때, 마음주머니에 챙겨두었던 잠언 하나가 나를 말리고 나섰다. '성급하게 판단하지 마라. 방금 네가 본 것에는 반드시 무슨 곡절이 있을 것이다.' 아, 오늘도 나는 또 실수할 뻔했다. 심호흡으로 마음을 좀 가라앉혔다. 그러고는 자베르 경감의 눈빛을 거두고, 미리엘 주교가 장발장에게 은촛대까지 얹어주었던 마음을 흉내 내 보기로 했다. 그녀가 가시에 찔리지 않고 차분히 꽃가지를 수습하여 가져갈 수 있도록 빠른 걸음으로 그 자리를 벗어나 주었다.

44년 전 어느 날, 신촌의 버스정류장에서 내린 나는 대학병원을 향해 부지런히 걷고 있었다. 뇌출혈로 쓰러져 2개월간 의식 없이 누워계시던 남자 친구의 어머니가, 수술 후 의식을 완전히 회복하셨다는 연락을 받은 후였다. 병원 가까이 이르렀을 때, 나는 갑자기 걸음을 멈추었다. 경사지의 긴 울타리를 따라 화사하게 피어난 덩굴장미 꽃송이들의 장관 때문이었다. 낙원으로 가는 길이 저러할까? 나는 붉은 꽃송이들이 만들어낸 황홀경에 취해 그대로 서 있었다. 그러다 문득, 급하게 달려오느라 내가 아무것도 준비해 오지 못한 빈손임을 깨달았다. 다시 살아오신 어머니께 드릴 선물로 저 꽃 이상의 것은 없을 듯했지만, 저것은 내가 어찌해 볼 수 없는 금단의 꽃이었다. 나는 마음속으로만 수없이 장미 꽃가지를 꺾고 있었다. 그 장관, 그 꽃송이들을 거기 고스란히 놓아둔 채 병실로 향하는 예비 며느리의 초라한 빈손이 몹시 민망하고 서글프게 느껴졌다.

베르나르 베르베르가 "진실은 '소설' 속에 존재하고, 거짓은 '신문' 속에 존재한다."라고 했던가. 살다 보면 "진실은 '상상' 속에 존재하고, 거짓은 '사실' 속에 존재한다."라고 말하고 싶은 순간과 수없이 마주치게 된다. 나는 두 개나 되는 커다란 약 봉투와 시름 깊은 그녀의 모습이 계속 마음에 걸렸다. 44년 전 마음속으로 장미를 훔쳤던 나의 모습까지 되살아나, 역지사지易地思之의 심정이 되었다. 그녀 안에 숨어있을 진실을 찾기 위해, 나는 상상의 나래를 펼쳤다.

  그녀는 시한부 선고를 받고 누워 있는 어머니의 약을 처방받아 오던 중이었다. 어머니의 간병에만 매달려 사느라 활짝 피어난 덩굴장미를 오늘에야 처음 발견하고는, 자기도 모르게 그쪽으로 다가갔다. 어머니는 장미꽃을 유별나게 좋아하신다. 어쩌면 어머니의 마지막이 될 장미의 계절, 싱싱하게 피어난 꽃을 어머니에게 갖다드리면 얼마나 기뻐하실까. 그러면 꺼져가던 한 생명이 누군가가 남긴 담쟁이 잎을 보고 다시 살아났던 어느 소설처럼, 어머니도 기적같이 일어나실 것만 같았다. 하루하루 사위어만 가는 어머니보다 더 중한 것이 대체 무어란 말인가. 어머니를 위해서라면 내가 도둑으로 비난받은들 어떠랴. 머릿속에서 빵을 훔치는 장발장과 굶주린 조카들의 모습이 스쳐 지나갔다. 그녀에게도 필시 곡절이 있으리라. 나는 그렇게 그녀를 이해하기로 했다.

  첫 느낌에서 받은 불쾌감이 진실을 알게 되면서 부끄러움으로 돌아와 자신의 마음을 찌르고, 감동으로 숙연해져서, 마침내는 고개마저 떨구게 되는 명화가 있다. 바로 반라의 노인이 젊은 여자가 풀어헤친 풍만한 가슴에 입을 대고 있는 루벤스의 〈시몬과 페로〉이다. 처음 그 그림을 접한 사람들은 그것이 저질스러운 춘화라고 비하한다. 그런데 그것이 아사형을 선고받은 아버지가 감옥에서 굶어 죽게 되자, 막 해산한 딸이 자신의 젖을 먹여 아버지를 살려낸 숭고한 이야기를 담은 것임을 알고 나면, 비하는 곧바로 상찬으로 바뀐다. 이렇듯 내 눈과 귀에 속아, 성화聖畵를 성화性畵로 오해한 것과 같은 어리석음을, 우리는 얼마나 수없이 저질러 왔던가.

  곡절이 무엇이든, 그녀가 꺾어간 장미꽃이 그녀의 간절한 바람을 이루는데 귀하게 쓰이기를, 진심으로 나는 바란다.

행복한 인질

기어이 갔구나!

점심때쯤 K가 휴대전화로 보내온 사진 속 그녀의 얼굴은 벌겋게 익어 있었다. 옥수수밭의 뜨거운 기운이 화면 밖으로 고스란히 밀려오는 듯했다. 뒷덜미까지 내리덮은 햇빛가리개모자와 토시로 무장한 채 옥수수를 따는 K의 모습은 열기와 맞서는 전사 같았다. 36도, 폭염경보가 이어지고, 고령자는 실외활동을 삼가라는 안내문자가 하루에도 몇 번씩 날아오던 나날이었다. 주위의 만류에도 아랑곳없이 K는 결국 새벽열차를 타고 그곳으로 달려갔다. 이런 날 옥수수를 따기엔 그녀의 나이가 만만치 않았다. 종일 그녀에 대한 걱정으로 내 마음은 싱숭생숭했다.

사연은 이러했다. K는 은퇴 후 시골에 내려가 농사를 짓는 친구로부터 옥수수가 한창 맛있게 영글었다는 전화를 받았다. 시기를 놓치면 애써 가꾼 농작물이 소용없게 되니, 다른 친구들과 함께 내려와 따 가라는 내용이었다. 옥수수 수확기가 왜 하필 삼복과 겹치는 것일까 하는 원망스러운 생각도 잊은 채, K는 친구의 말이 채 끝나기도 전에 이튿날 첫 열차표의 예매를 준비하고 있었으리라. 다른 친구들은 슬며시 발을 뺐고, K는 혼자서 첫차에 올랐다. 계산적으로 따진다면야 왕복 차비가 옥수수 한 자루 값보다 훨씬 많았다. 그러나 차비든, 날씨든 그녀에게 그런 것은 아무런 걸림돌이 되지 않았다. 모양내기 좋아하고 햇빛을 피해 다니는 소문난 멋쟁이가 조금의 망설임도 없이 친구의 밭으로 성큼 달려간 까닭은 무엇이었을까.

　사실 K에게 이런 일은 낯설지 않다. 홀로 이삿짐을 싸야 하는 친구에게 새벽열차를 타고 달려간 적도 있었고, 자청하여 거동이 불편한 친구를 부축해 해외여행을 함께 다녀온 일도 있었다. 해외나 지방에 사는 동창들이 서울에 올 때마다 그들을 안내하는 일 또한 그녀의 몫이다. 그러니 그녀의 달력에는 빈칸이 보이지 않는다. K는 누군가의 말 없는 요청마저도 감지할 수 있는, 보이지 않는 촉수를 지니고 태어난 것이 분명하다. 누군가를 도와주러 달려갈 때마다 새로운 힘이 솟아나는, 선행에 취한 듯한 삶을 그녀는 살고 있다.

K의 모습을 지켜보며 나는 한 철학자를 떠올린다. 20세기 프랑스의 윤리철학자 에마뉘엘 레비나스는 "나는 타자의 인질이다"라는 유명한 말을 남겼다. 여기서 '타자'는 단순히 나와 다른 사람이 아니다. 그것은 소유하거나 규정할 수 없는, 살아 있는 '얼굴'을 가진 구체적 존재다. 그 얼굴 또한 단순한 생김새가 아니라, "나를 외면하지 말라"는 호소를 담은 살아있는 눈빛이다. 마치 위험에 처한 아기나 고통받는 사람의 눈빛처럼, 보는 순간 나를 가만히 두지 않고 손을 내밀게 만든다. K가 오늘 옥수수밭으로 달려간 까닭도, 그 얼굴의 눈빛이 그녀를 그냥 지나치게 두지 않았기 때문이다.

학창시절 K와 만나 함께 반백 년을 건너온 시간을 되돌아보면, 그녀는 거절이라는 말을 모르는 사람 같았다. 아니, 언제나 타자의 호소에 먼저 귀 기울이는 사람이었다. 정성 들여 길러낸 농작물을 주위와 나누려는 동창생, 홀로 이삿짐을 꾸리고 있는 외로운 친구, 병든 몸으로 여행을 꿈꾸던 벗, 그들은 그녀 앞에서 모두 살아 있는 얼굴로 다가왔다. 그녀는 자신의 시간과 편안함을 유보하고 자연스럽게 손을 내밀었다. 그것은 의식적인 선택이 아니라, 몸과 마음이 먼저 반응한 자연스러운 결과였다. 나는 그녀를 통해, 레비나스가 말한 '인질'의 자리가 억압이 아니라, 스스로 길어 올리는 자유임을 조금씩 깨닫게 되었다.

오늘의 우리는 마치 서로 다른 방향으로 흘러가는 작은 소용돌이 속에 갇힌 듯하다. 이익과 계산이 우선시되고 효율과 편의가 삶의 잣대가 되면서, 인간다움은 한낱 낡은 그림자처럼 뒤로 밀려나고 있다. 인간답게 산다는 것은 아마도 K처럼, 타자의 얼굴에 선제적으로 붙들려 스스로 '행복한 인질'이 되는 일일 것이다. 그것은 굴욕이 아니라 자유다. 무한한 책임 속에서만 느낄 수 있는, 더 깊은 자유다.

언젠가 K와 나눈 약속이 떠오른다. "항시 인간다움을 생각하며 늙어 가자"라는 다짐이었다. 그때 나는 그것을 단순히 옳고 바름을 지키자는 도덕적 권고로만 이해했다. 그러나 그것은 윤리 이전의 윤리, 곧 타자의 얼굴 앞에서 계산이나 망설임보다 먼저 일어나는 자연스러운 손길을 뜻하는 것이었다. K는 그 다짐을 말이 아닌 실천으로 보여 주었고, 나는 그녀를 지켜보며 비로소 그 의미를 조금씩 깨닫게 되었다. 그녀의 행위는 이론이 아니라, 몸과 마음이 함께 기억한 습관이었다. 그녀의 삶은 레비나스의 철학보다 앞서 있었고, 레비나스의 철학은 그저 그녀의 삶을 뒤따라온 것에 불과했다.

K 앞에서 나는 종종 부끄러움이 앞선다. 나의 망설임과 그녀의 즉각적인 응답을 나란히 떠올릴 때, 내 걸음은 여전히 짧고 남루하다. 하지만 동시에 희망 또한 품게 된다. 저 멀리 앞서 걸어가

는 '행복한 인질'의 길을 뒤따라 걷는 한, 나 또한 인간답게 산다는 것이 무엇인지를 조금씩 체득하게 될 것이다. 그것이 이기적인 시대를 건너는 우리가 다시 붙잡아야 할 다짐이 아닐까.

그런 친구가 곁에 있다는 것은 내 삶에 얼마나 큰 축복인가. K의 삶이 가르쳐준 것은 결국 단순하다. 인간답게, 타자의 호소에 마음을 열고 '행복한 인질'로 살아가는 것이다. 아직 내 발걸음은 그녀에 비해 느리지만, 스승을 뒤따르는 마음으로 그 길을 걸으리라.

오늘 밤, 막차를 타고 몹시 지쳐 돌아올 K는 분명히 말할 것이다.

"그래도 역시 가길 잘했지."

제5부
끝내, 다시 피는 것들

그해 여름의 귀향

후쿠오카의 수선화

회한

수박함지 밑의 목화송이

깃광목 치마저고리

구원의 목욕탕

희미한 불빛이 머무는 자리

무녀리와 돼지엄마

그 여름의 새끼줄

그해 여름의 귀향

　1학기말 고사가 끝나자마자 고향으로 내려가는 내 마음은 마냥 들떠 있었다. 당장 내일부터 친척집에 인사도 다니고, 보고 싶던 친구들을 모두 만나봐야지. 여고 동창들과는 여행 계획도 세워 놓았으니, 신나고 즐거운 일들이 방학 내내 이어질 것이다. 첫 방학을 맞아 내려오는 막내딸을 엄마는 어떤 마음으로 기다리셨을까? 드러내놓고 잔정을 표현하는 분은 아니지만, 엄마도 오늘을 손꼽아 기다리셨으리라. 오늘만큼은 들일을 일찍 끝내고 돌아와 지금쯤 저녁 준비를 하고 계시겠지? 저녁상에는 새우젓을 넣은 애호박찌개와 짭짤한 해피젓이 올라올 것이다.
　동네 어귀에 들어섰을 때는 여기저기서 저녁연기가 피어오르고 있었다. 그런데 이상하다. 우리 집에서는 연기가 나지 않았다.

활짝 열려 있어야 할 대문은 지그려 놓은 채였고, 귀 밝은 메리가 짖는 소리도 들리지 않았다. 삐거덕, 대문을 밀고 들어선 집안에는 적막만이 흐르고 있었다. 당혹스러웠다. 혹시 여태 …?

기분 탓인지 안방 공기도 쓸쓸하게 느껴졌다. '이게 아직도 걸려 있네.' 내가 고등학교 3년간 교모로 쓰고 다녔던 검정 베레모가 엄마 옷가지들 사이에 걸려 있었다. 엄마가 '빵모자'라 하셨던 것이다. "아침마다 언니랑 네가 빵모자를 쓰고 나란히 대문을 나서면 얼마나 신신한지, 느이가 재실고개를 다 넘어갈 때까지 한참을 바라보곤 했느니라." 그런 사실을 처음 알게 된 그날은 내가 대학에 다니기 위해 오빠 집으로 떠나던 날이었다. 같은 학교에 다녔던 작은언니와 나의 베레모는, 겨우 언문만 깨치고 학교 마당을 밟아보지 못한 엄마가 댕기 머리 소녀 시절 그렇게도 입어보고 싶었던 교복과 동의어였다. 뒤도 돌아보지 않고 떠나버린 막냇자식을 마음속으로는 아직도 떼놓지 못하신 걸까. 베레모 앞에서 생각에 잠겼다.

중농의 형편에다 홀로 남을 엄마를 생각하여 고향에서 대학에 다니라는 식구들과 친척들의 권유를 뿌리치고 서울로 진학하기까지의 지난 일들이 스쳐지나갔다. 그때 내 머릿속은 오로지 이태 전 서울로 유학 간 작은언니처럼 나도 서울로 가고 싶은 생각뿐이었다. 엄마와 등록금 걱정 같은 건 내 안중에 없었다. "널 중

퇴시키는 일은 없을 테니, 맘 편히 학교에 다니거라." 입학식을 보고 내려가시면서 엄마가 한 말씀이었다.

　엄마는 그 시대 시골 여인으로는 드물게 교육열이 매우 높은 분이셨다. 아버지가 젊은 엄마와 4남매를 남겨두고 일찍 돌아가신 후, 엄마에게는 자식들을 교육시키는 일만이 삶의 의미요, 희망이었다. 위로 큰언니와 오빠가 학업을 모두 마치고 결혼한 후에도 엄마에게는 아직 터울 많은 밑의 두 딸에게 '빵모자' 다음 '또 다른 모자'를 씌워 주어야 할 일이 남아 있었다. 그러기 위해 엄마는 여자의 몸으로 남자들처럼 밤새워 논에 물을 대고, 달빛 아래서 콩대를 뽑고, 돼지를 기르고, 놉 살 돈을 아끼려 쉴 새 없이 일하셨다.

　여름방학이 되면 2학기 등록금고지서가 날아올 날도 머지않으리. 엄마의 머릿속은 오늘 내가 내려온다는 사실보다 두 딸의 등록금 걱정으로 꽉 차 있으리라. 이번에는 얼마나 나오려나? 쌀금과 돼지금은 좀 올랐으려나? 누이동생 둘을 데리고 있는 신혼의 아들이 함께 거든다 해도, 그 일은 어디까지나 어미인 내 책임인 것을. 풀 한 포기라도 더 뽑아 낱알 하나라도 더 거둬들여야만 한다. 어두워질 때까지 조금만 더, 조금만 더…. 나는 그제야 엄마의 절박한 심경과 텅 빈 집이 나를 맞이한 까닭을 깨닫게 되었다. 죄송스러운 마음과 자괴감 같은 것이 한꺼번에 밀려왔다. 처음 있는 일이었다. 얼마나 시장하실까. 부엌으로 나갔다. 서둘러 쌀을 안치고, 당성냥을 그어 보릿짚에 불을 지폈다. 짐작대로 엄마는 어두워져서야 메리와 함께 밭에서 돌아오셨다.

이튿날 나는 호미를 들고 엄마를 따라나섰다. 엄마는 피곤할 텐데 집에서 쉬라고 하셨지만, 그럴 수는 없었다. 밭을 매기 시작하자마자 숨이 막혀오고, 다리가 아파 좀체 속도를 낼 수 없는데도, 엄마는 벌써 저만큼 앞서 계셨다. 허옇게 빛바랜 삼베적삼이 땀에 흠뻑 젖어 엄마의 야윈 어깨와 등허리가 그대로 드러났다.

나무 그늘 밑에 누워 있는 메리 옆에서 쉬고 있을 때였다. 바로 앞 풀숲에 대파 씨 몇 톨이 떨어졌었는지, 철 지나 피어난 한 무더기의 파꽃 위에 꿀벌들이 바글바글했다. 꿀벌들은 꽃봉오리의 맨 위부터 시작하여 점차 아래쪽으로 내려오면서 쉴 새 없이 노란 꽃술을 빨고 있었다. 나는 꿀벌들이 꽃술들을 샅샅이 훑고 지나가며 노란빛이 감돌던 파꽃을 죄다 허연빛으로 바꾸어 놓는 것을 한동안 지켜보았다. 그런데 어인 일인가. 악착스레 꽃술을 빨아대고 있는 꿀벌이 어느 순간부터 나로 보였다. 정성스레 만든 꽃을 얇은 보자기에 꼬옥 싸서 꼭대기까지 밀어 올려놓아 주느라 자기 속은 텅 비어버린 줄도 모르는 파의 모습은 그대로 엄마의 모습이었다. 이쪽의 파꽃과 저쪽의 삼베적삼을 번갈아 바라보았다. 똑같이 허연, 그것은 인고의 색이었다. 가슴 저 밑바닥에서부터 맵싸한 파 향과도 같은 찡한 것이 올라오며 파꽃과 삼베적삼이 천천히 흔들렸다.

　다음날도 그다음 날도 나는 엄마와 함께 밭으로 향했다. 내려올 때의 계획들이 하나둘 사라져가고 있었지만, 이제 그런 것은 하나도 중요하지 않았다. 중요한 건 지금 내가 마땅히 해야 할 일을 하는 것이었다.

　멀리 떠나신 어머니가 그리워질 때마다, 천둥벌거숭이가 비로소 철들기 시작했던 반백 년 전 그해 여름의 귀향을 떠올려 보곤 한다.

후쿠오카의 수선화

2011년 2월 16일, 나는 김우종 교수가 이끄는 윤동주 시인 66주기 추모단의 일원으로 후쿠오카 문학기행에 참여했다. 시인이 감내했던 고요하고 고통스러운 죽음의 길, 그 끝에 놓인 옛 후쿠오카 형무소 뒷마당에는 간간이 비바람이 몰아치고 있었다.

그곳에는 현지의 '윤동주의 시를 읽는 모임' 회원들이 우리를 기다리고 있었다. 그중 초로의 아키다 나오미라는 여인이 김우종 교수를 발견하자 한걸음에 달려와 수선화 꽃다발을 건네며 반가움을 감추지 못했다. "해마다 2월이면 우리 집 정원에서 윤동주 님이 수선화로 피어나십니다. 향기가 정말 아름다워요." 그녀의 말은 시 한 편처럼 맑고 단정하게 들렸다. 하얀 접시 위에 살포시 내려앉은 노란 꽃송이는 우아하고 단정했으며, 맑은 향기는 오래도록 코끝을 맴돌았다. 그날의 주인공과 그 꽃의 이미지가 이토록 닮았다는 사실에 가슴이 저릿했다.

철조망으로 된 형무소 담에 추모제 플래카드를 걸어 놓고, 우리가 준비해 간 간단한 제수와 일본 측에서 마련한 국화로 제를 올린 다음, 한일 참가자들이 교대로 윤동주의 시 낭송을 시작했다. 스산한 날씨에도 불구하고 추모제는 정연하고 경건하게 진행되었다. 우리는 일본인들이 자국어 또는 한국어로 윤동주의 시를 낭송·낭독하는 것을 놀라움과 경이로움으로 바라보았다. 슬픔을 이기지 못해 말을 멈추는 이, 시인의 이미지처럼 나직한 목소리로 차분히 읊는 이, 더듬거리며 〈별 헤는 밤〉 30행을 끝까지 낭독하는 이…. 한 시인의 시가 언어를 넘어 마음과 마음을 잇는다는 진실을 그날 처음 실감했다. 가슴 벅찬 광경이었다. 이들이 과연 윤동주를 죽음으로 몰아넣은 가해자의 나라 후손이란 말인가. 시인의 삶과 시, 사상에 대한 깊은 흠모와 맑은 눈빛, 그리고 순수한 자세 어디에서도 제국의 그림자는 느껴지지 않았다. '일본'과 '일본인'은 같을 것이라 믿고 싶었던 내 안의 단순한 도식이, 그들의 시선 앞에서 천천히 무너지고 있었다.

드디어 내 차례가 되었다. 윤동주 시인이 마지막으로 남긴 〈쉽게 씌여진 시〉를 읊으려는 순간, 목 안에서 울음이 먼저 치밀었다. 내 목소리는 시보다 먼저 떨리기 시작했다.

… 등불을 밝혀 어둠을 조금 내몰고 /
시대처럼 올 아침을 기다리는 최후의 나,
나는 나에게 작은 손을 내밀어 /
눈물과 위안으로 잡은 최초의 악수.

그들은 한국어를 알아듣기라도 하듯 고개를 끄덕이거나, 발음을 더 정확히 들으려는 듯 귀를 조심스레 기울였다. 어떤 이는 시의 정조를 음미하듯 두 눈을 지그시 감았다. 그 순간의 그들은 단 한 치의 흐트러짐도 없이, 시 한 줄 한 줄을 경건하게 마주하고 있었다.

대체 저들이 윤동주의 시에 깊이 빠져드는 이유는 무엇일까. 그들은 그것을 영안靈眼으로나 볼 수 있는 고결함과 순수함이 시 깊숙이 내재해 있기 때문이라고 했다. 또 윤동주의 시에는 한 민족만의 것이 아니라 인간의 근원으로 통하는 휴머니즘, 즉 인류 보편의 가치인 사랑과 평화, 생명을 존중하는 사상이 흐르고 있다는 것이다. 그리고 그의 시는 언제나 고통의 밑바닥에서 희망의 작은 불씨를 끌어안고 있어서, 더 깊고, 더 오래 사는 것이라고 덧붙였다.

"우리가 윤동주를 죽였습니다!" 1994년, 후쿠오카에 처음 답사

온 김우종 교수를 만났을 때 니시오카 겐지 교수가 외쳤다는 사죄의 말이다. 그는 평생 한국문학을 연구하고 윤동주 추모사업에 헌신해 왔다. 일본인이 윤동주를 기리는 일만이 과거사의 진정한 반성이라 믿으며, 후쿠오카 형무소 터에 시비를 세우기 위해 5년 동안 힘을 기울였다. 하지만 일본 정부의 불허 통고로, 결국 그 꿈은 좌절되고 말았다.

그러나 1995년, 그가 김우종 교수와 함께 후쿠오카에서 처음 시작한 윤동주 추모 행사는 해를 거듭하며 일본 전역으로 퍼져 나갔다. 작은 추모가 긴 시간을 거쳐 기억의 물결이 되었고, 지금 일본 땅에는 윤동주 시인이 사랑했던 모국어로 쓰인 시비 세 기가 세워졌다. 매년 그의 기일이면 곳곳에서 추모 행사가 열리고, 그의 시를 읽고 연구하는 모임도 꾸준히 늘고 있다. 이들은 윤동주의 시를 함께 읽으며, 앞 세대가 저지른 역사의 과오를 반성하고 다시는 전쟁을 일으키지 말아야 한다고 외친다. 시인의 시를 되새기며, 자신 또한 그처럼 고결한 삶을 살아가겠노라 맹세한다. 이것이야말로 윤동주 문학의 위대함이 아니겠는가.

해마다 2월이면, 윤동주는 순교지 후쿠오카에서 수선화로 피어난다. 가해자의 땅에 뿌려진 사랑과 평화의 씨앗은 그곳에서 조용히 자라나고 있다. 그러니 윤동주 시인이여, 이제 그 무거운 괴로움은 내려놓고, 수선화처럼 환히 피어나시길.

회한

　신학기가 시작되자, 예상치 못한 일이 잇따라 겹쳐 나를 당황하게 했다. 지난주 금요일 4교시였다. 목소리가 나오지 않고 다리에 힘도 풀려 더 이상 수업을 이어갈 수가 없었다. 아이들에게 자습하게 한 후, 잠시 의자에 앉아 쉬고 있었다.
　아이들은 갑자기 신이 나서 웃고 떠들기 시작했으나, 내게는 그들을 제지할 힘조차 없었다. 마침, 복도를 지나시던 교장 선생님께서 발길을 멈추고 교실 안을 들여다보셨다. 본능적으로 벌떡 일어나면서 나는 교장 선생님의 심상치 않은 시선과 마주쳤다. 죄를 추궁하듯 정면을 꿰뚫는 눈빛이었다. 숨이 멎는 듯했다. 그런데 오늘은 왜 4교시에 순시하시는 걸까. 갑자기 머릿속이 복잡해졌다.

교장 선생님께서는 학생과 교사의 기본생활 태도에 몹시 엄격하셨다. 자베르 경감 같은 특유의 인상 때문인지, 교장 선생님께서 교내를 순시하시는 1교시에는 모두가 살얼음판을 걷는 심정이 되곤 했다. 그런 분이 같은 장면을 두 번씩이나 보시게 되었으니, 내 마음이 편할 리 없었다.

  그즈음 나는 심한 몸살로 인해 여러 날 동안 음식을 제대로 넘길 수가 없었다. 게다가 목소리까지 잠겨 일상적인 대화를 나누기도 어려운 상태가 지속되고 있었다. 교장 선생님께서 그러한 나의 속사정까지 아실 리 없었다. 혹시 나는 이제 불성실한 교사로 낙인찍힌 것은 아닐까? 그렇다 한들 내가 어쩌겠는가. 냉가슴만 앓을 뿐이었다.

  며칠 후였다. 교장 선생님께서 담임교사들은 책임지고 지각생을 엄하게 지도하라는 메시지를 보내셨다. 마치 도둑이 제 발 저리듯, 가슴이 뜨끔했다. 학생부에서 작성한 '3월 말 교문지도 통계표'를 점검해 보신 모양이었다. 혹시 지각대장 연주가 있는 우리 반을 지목하신 것은 아닐까. 교장 선생님과 무언가 자꾸만 꼬여가고 있는 듯했다.

  연주, 나에게는 몹시 신경이 쓰이는 아이였다. 지나치게 예민하고 내성적이어서, 자신을 드러내는 것을 꺼리고 혼자 조용히 있기를 좋아했다. 특히 야간자율학습 시간만 되면 캄캄한 창밖을 바라보며 어두운 표정을 짓곤 했는데, 그럴 때마다 나는 어서 책을 보라는 시늉을 해 보였다. 입학 성적이 상위권이어서 공부하는 머리는 민첩한 것 같았으나, 실제 행동은 정반대였다. 움직임이 느릿하고 반응도 늦어, 때로는 답답함이 앞서기도 했다. 그런 천성 때문인지, 연주는 3월 한 달 새에 다섯 번이나 지각을 했다.

 연주가 세 번째 지각한 날, 나는 단호한 표정으로 연주에게 지각한 사유를 물었다. 그러나 전처럼 고개를 떨어뜨린 채 아무 말도 하지 못했다. 또 늦잠을 잔 것이 분명했다. 나는 연주를 세워 둔 채, 칠판 오른쪽에 일부러 분필 소리를 크게 내며 '기본생활을 충실히 하자.'는 문장을 한 자 한 자 또박또박 써 내려갔다. 그 문장이 연주에게 깊이 새겨지기를 바랐다. 그리고 주번에게 지우지 말라고 지시했다.

 그런데도 연주의 게으른 버릇은 고쳐지지 않았다. 나는 연주 어머니에게 철저한 생활지도를 부탁하는 문자를 보냈으나, 어쩐 일인지 아무런 회신이 없었다. 연주와의 상담과 부모님과의 통화는 내 목이 다 나을 때까지 일단 미루어둘 수밖에 없었다. 어느덧 연주는 학급에서 불성실한 지각대장이자, 매일 청소 벌을 받는 천덕꾸러기가 되어가고 있었다.

 그런데 아까 9시쯤 야간자율학습 시간이었다. 교무실 문이 갑자기 열리며 한 남자가 들어섰다. 술 냄새가 풍겼고, 그의 눈빛은 피로에 절어 있었다. 연주 아버지였다. 그는 지방의 공사 현장에서 일하느라, 보름에 한 번꼴로 집에 들른다고 했다. 한참 동안 흙 묻은 운동화만 내려다보던 연주 아버지가 주춤거리면서 입을 열었다.

"애 엄마가 일 년 전에 집을 나갔어요. 연주가 살림하랴, 학교에 다니랴, 어린 동생 돌보랴, 고생이 말이 아니지요."

"…!"

나는 작은 한숨을 내쉬었다.

자율학습을 끝내고 학생들이 모두 돌아간 뒤, 학교 안은 적막만이 남아 있었다. 시곗바늘은 벌써 10시 30분을 가리키며 나의 퇴청을 종용하고 있었으나, 몸과 마음이 물먹은 솜처럼 가라앉아 꼼짝할 수가 없었다. 담임이란 사람이 여태…. 자책과 회한이 밀려왔다.

유리창 너머 저편에 연주의 아침 시간이 어른거린다. 평소의 모습과는 달리 몹시 분주하게 움직이고 있다. 자고 있는 열 살짜리 동생을 깨워 아침을 먹이고, 준비물을 챙긴다. 집안일하랴, 동생의 저녁밥 챙기랴, 정신이 없다. 학교에 지각하지 말라고 신신당부하며 문을 나서는 열여섯 살 누나는, 미덥지 않은 동생 걱정에 발걸음이 떨어지지 않는다. 그동안 연주는 내가 교장 선생님께 받았던 차가운 시선을 날마다 내게 받으면서 얼마나 두렵고 슬펐을까. 가슴이 답답해 온다.

 사실은 진실에 얼마나 가까이 있는 걸까. 그 둘은 어떤 관계일까. 때로 둘은, 정반대쪽에 서 있는 사이가 아닐까. 장발장과 자베르 경감처럼. 아이의 지각은 습관이 아니라 신호였다. 껍데기만 보던 교사가, 그 안의 알맹이가 눈물을 삼키며 꿈틀대고 있다는 사실을 깨닫기까지 얼마나 긴 시간이 걸렸던가. 나는 그 눈물을 보지 못했다. 아니, 보려 하지 않았다. 한사코 들여다보아야 했던 건, 겉이 아니라 그 속이었다.

수박 함지 밑의 목화송이

　여름날 시골의 저녁 풍경이라는 것은 늘 그렇듯이 특별할 것이 없었다. 그날 저녁도 평소처럼 식구들이 대청마루에 둘러앉아 갓 쪄내온 옥수수가 식기를 기다리며 이야기꽃을 피우고 있었다. 그런데 갑자기 메리가 사납게 짖으며 대문 밖으로 뛰쳐나갔다. 바깥마당에서 이상한 소리가 들려왔다. 양철지붕 위에서 늙은 호박이 굴러 내리는 소리 같기도 하고, 덜커덩거리는 손수레 소리 같기도 한 것이 우리 집 쪽으로 점점 다가오고 있었다. 식구들은 고개를 갸웃거리며 대문간 쪽만 바라보았다.
　드디어 지그려 놓았던 대문을 삐거덕 밀면서 한 사람이 들어섰다. 푸짐한 웃음을 앞세운 금순네 아주머니였다. 아주머니는 '조금 전 소리'가 가득 담긴 커다란 양은 함지를 머리에 인 채 술에 취한 듯 몹시 비틀거렸다. 다리가 불편한 분이긴 하지만, 걸음걸이가 평소와는 사뭇 달랐다. 왼쪽으로 부리나케 내닫다가 돌연 오른쪽으로 기우뚱하기도 하고, 앞으로 성큼 다가오는 듯싶다가 갑자기 뒷걸음질 치기도 했다. 그런데도 무엇이 그리 좋은지 아주머니는 연신 싱글벙글하며 입을 다물지 못했다. 무언가 자랑할 만한 일이 있는 것 같았다. 식구들이 함지를 받아주려 뜰팡으로 내려섰을 때, 모두 폭소를 터뜨리지 않을 수 없었다. 함지 안에서 갓난아기 머리통만 한 수박 네 덩이가 제멋대로 굴러다니고 있는 것이 아닌가.

아주머니가 내려놓은 수박들은 때깔이 영 시원찮아 보였다. 장에 나갔다가 김장거리를 파종할 시기라 서둘러 수확한 끝물들을 사 온 것이 틀림없었다. 아주머니는 파장 때 거저 얻듯이 싸게 샀다며 매우 신이 나 있었다. 우리는, 불편한 몸으로 따리도 없이 무거운 것을 이고 밤길을 걸어온 사람에게 수박 꼴이 우습다는 말은 차마 하지 못했다. 대신 무용담을 열심히 들어 주었다. 이마 위의 땀을 훔치며 가장 큰 놈으로 골라 엄마에게 성큼 내미는 아주머니의 어깨에는 전에 없던 힘이 가득 실려 있었다. 모르긴 해도 오랜 바람이 이루어지는 순간이었으리라. 식구들은 아주머니가 굳이 우리 집에 먼저 들러 근년에는 처음으로 사 보았을 '귀물'을 내놓는 속내를 충분히 헤아리고 있었다. 아주머니는 우리 집에 이런저런 신세를 지는 처지였다. 그래서 어떡하든 보답할 기회를 찾고 있었을 것이다. 엄마는 그분의 성의를 흔쾌히 받아주는 것도 도리라고 생각하는 것 같았다.

 수박을 받아놓은 엄마는 사지가 불편한 아주머니를 배려했다. 남아 있는 함지 속 세 녀석이 더는 장난치지 못하도록, 함지 밑바닥과 녀석들 사이사이에 보릿짚을 넉넉히 채워 주었다. 그러고는 헛간에서 똬리를 갖고 나와 아주머니의 머리에 얹은 후 그 위에 함지를 올려놓아 주면서, 성치 않은 사람에게 달랑 물건만 팔아치우고 편히 이고 갈 수 있게 배려해 주지 않은 야박한 수박 장수를 나무랐다. 식구들은, 평소처럼 사람 좋은 웃음을 남기곤 한결 점잖아진 걸음걸이로 대문을 나서는 아주머니의 당당한 뒷모습을 흐뭇하게 바라보았다. 가슴 훈훈한 여름날 저녁이었다.

 금순네 아주머니. 그분을 생각할 때면 맨 먼저 목화송이처럼 환하게 웃는 얼굴이 떠오른다. 그 웃음은 장애와 가난이라는 숙명을 문신처럼 지니고 살아야 했던 아주머니에게 그것들을 감싸줄 수 있는 단벌 외투였다. 한껏 벌어진 목화송이같이, 목젖이 다 보일 정도로 고개를 젖히고 푸짐하게 웃던 특유의 웃음이야말로 가장 든든한 삶의 동반자였으리라. 또한, 사지가 불편한 사람으로서 세상의 시선에 맞서는 방패였을 터이고, 허기진 배를 채워주던 끼니였을 터이며, 실낱같은 희망의 불씨를 지켜준 바람막이였을 터이다. 또 그것은 아주머니가 자신의 삶에 건네는 깊은 포옹이요, 삶을 긍정하겠노라는 운명과의 약속이었을 터임을 나는 오랜 세월이 흐른 뒤에야 비로소 깨닫게 되었다.

 인생길을 걸어오면서 어두운 터널을 지나야 할 때면, 캄캄해서 아무것도 보이지 않는다고 칭얼대는 내 안의 나를 어르기 위해 나는 내게 주술을 걸곤 했다. '삶이 그대를 속이더라도….' 주문으로 푸시킨의 시를 왼 다음, 아주머니의 웃음을 흉내 내보는 것이었다. 그러고 나면 터널 저쪽에 한 점 빛이 나타났고, 그것을 향하여 조금씩 다가가다 보면 빛의 크기도 점점 커지면서 어느덧 터널 밖으로 빠져나와 있는 자신을 발견하곤 했다. 영험한 주술이었다.

 운명이란 어쩌면 그런 것일 터이다. 내려놓으려야 내려놓을 수 없었던 아주머니의 수박 함지와도 같은. 머리 위 수박덩이들이 쏠리는 대로 이리저리 비틀거려야만 했던 아주머니의 걸음걸이처럼, 내 것인데도 좀처럼 내 뜻대로 남겨지지 않는 발자국과도 같은.

 인생길이란 어쩌면 그런 것일 터이다. 아주머니가 도와줄 사람 없는 고갯마루에서 수박 함지를 내려놓고 잠시 쉬어보지도 못한 채 내쳐 걸어야만 했던 그날의 밤길과도 같은. 버스에서 내린 아주머니가 무거운 수박 함지를 머리에 인 채 어둠을 가르며 신작로를 지나고, 도랑을 건너, 고개를 오르내린 후, 드디어 마을 안으로 들어서서 희미한 불빛이 기다리고 있는 곳을 향하여 걸었던 노정과도 같은.

아주머니는 주어진 운명에 순응하며 누구보다 자신의 삶을 긍정했던 여인이었다. 웃음이라는 꺼지지 않는 등불로 캄캄한 인생길을 밝히며 머리에 인 수박 함지를 지켜낸 아주머니를 떠올릴 때마다, 숙연해지는 마음을 금할 길이 없다.

얄궂은 수박 함지에 휘둘리듯 살았던 여정 뒤에, 자식들의 극진한 효도를 받으며 편안한 노년의 길을 걷고 있다는 아주머니의 이야기는 언제 들어도 반갑기만 한 고향 노래다. 고향 마을의 아주머니 댁에 한번 다녀오고 싶다. 그분의 웃음만큼 커다란 수박 한 통을 사 들고서.

깃광목 치마저고리

"봄에 하얀 나비를 젤 먼저 보믄 그 해에 초상을 치른댜아."

열 살 되던 해 봄날, 내가 텃밭에서 처음 본 나비는 하얀색이었다. 얼마 후, 친구의 말은 참말이 되었다.

할아버지는 우리 집 뒤꼍 골담초 노란 꽃잎이 나비처럼 나래를 활짝 펼치던 날, 누런 삼베옷 꼭꼭 여미어 입고 먼 길을 떠나셨다. 맵시 솜씨 날렵했던 지어미와 마흔 목전에 어미 곁으로 가버린 큰아들에 대한 긴긴 그리움 더는 견딜 길 없어, 여든다섯 해 차안此岸에서의 삶을 끝내셨다. "제발 춥지도 덥지도 않은 때 돌아가셔야 할 틴디…." 엄동설한이나 삼복더위에 장례를 치르게 될까 봐 마음 졸이던 엄마의 소원은, 그렇게 춥지도 덥지도 않은 때 이루어졌다. 지아비 잃은 인고의 세월, 묵묵히 당신의 병시중을 들어온 큰며느리에게, 여든다섯 홀시아버지가 남기고 간 보답이자 치하였다.

어느 날 앞마당에서 갑작스러운 엄마의 울음소리를 듣고 나는 가슴이 철렁했다. 부리나케 뛰어가 어른들 틈새로 안방을 들여다보니, 엄마가 쪽머리를 풀어헤치고 요 위에 반듯이 누워있는 할아버지 옆에 엎드려 큰 소리로 곡을 하고 있었다. "아이고오, 아이고오!" 그예 돌아가셨구나! 가슴이 쿵쿵 뛰고 뜨거운 것이 쉼 없이 볼 위를 타고 내렸다.

대문 밖 소반 위에 사잣밥이 차려지고, 삼베와 광목 더미들이 도착하고, 마당 가 대추나무에 남폿불이 내걸렸다. 바깥마당 한쪽 멍석 위에서는 동네 아주머니들이 모여 앉아 상복을 짓고 있었다. 북적대는 집 안팎 여기저기를 기웃거리던 나는 갑자기 발을 멈추었다.

"막내 손녀가 열 살이라는디 어쨀라나 모르겠네."

"딸이믄 어려도 입는디, 어린 손녀는 안 입어도 될 겨어."

"오죽이나 이뻐하는 손녀였시유. 입혀야지유."

내 상복 이야기였다. 세상에서 가장 무섭고 꺼림칙한 옷, 누런빛이 감도는 깃광목 치마저고리를 입으라고 할까 봐, 나는 더럭 겁이 났다. 언젠가 초상집에서 내 또래 아이가 그런 옷을 입은 것을 보고는 참 흉하다고 느낀 적이 있었다. 그런 옷을 내가 입는다는 것도 몸서리쳐지게 싫었지만, 내 꼴을 본 동네 친구들은 또 무어라 할 것인가. 부정 탄다고 나와 놀아주지도 않을 것만 같아, 어떻게든 상복만은 피하고 싶었다.

나는 슬그머니 뒷걸음질 쳐 뒤꼍으로 갔다. 혼자서 골담초 꽃잎을 따 질겅거리면서도, 상복 문제가 어떻게 되어 가는지 바깥마당 쪽이 몹시 궁금했다. 얼마 후, 누군가 다가와서 나는 너무 어린 손녀라 상복을 입지 않아도 된다더라고 했다. 가슴을 쓸어내렸다. 그러나 이내 어떤 죄책감과도 같은 것이 밀려오며, 혹시 나는 나쁜 아이가 아닐까 하는 생각에, 마음이 오히려 더 무거웠다.

상여가 나가는 날 아침, 나는 사람들 틈에 끼여 상여 주위에 늘어선 우리 식구와 친척들을 살펴보았다. 모양과 정도는 각각 달랐지만, 모두 상복 차림이었다. 내가 잘 모르는 친척들조차 머리와 팔, 다리에 깃광목 천이나 삼베를 두르고 있었다. 정작 할아버지와 늘 함께 자고, 함께 밥 먹으며 할아버지랑 제일 친했던 나만 아무런 표시가 없었다. 할아버지가 이제 곧 땅속에 묻히러 간다는 사실과 식구들과 친척들로부터 나 혼자만 뚝 떨어져 나와 있는 듯한 소외감이 뒤섞여, 자꾸만 눈물이 솟았다. 더구나 내가 상복을 입지 않아서인지, 모두가 할아버지를 향해 절을 하고 있는데도, 정작 동네에서 '인사 잘하는 아이'로 불리던 나에게는 절을 하라고 불러주는 어른이 하나도 없었다. 그게 여간 섭섭하고 서러운 게 아니었다. '나도 상복을 입어야 했는데….' 후회가 밀려왔다. 목구멍으로 올라오는 무언가가 내 어깨를 쉼 없이 흔들어 댔고, 소맷부리로 연신 씻어내도 눈망울에서는 뜨거운 것이 끊임없이 솟구쳤다. 그렇게, '인사 잘하는 아이'는 이 세상에서의 마지막 인사도 드리지 못한 채, 할아버지를 그냥 그렇게 보내드리고 말았다.

내가 돌도 되기도 전, 서른아홉의 아버지가 갑작스레 세상을 떠나자, 몇 달 후 할아버지에게 '노망'으로 불리던 치매가 찾아왔다. 참척慘慽의 충격이라 했다. 할아버지는 정신이 오락가락하던 9년간의 투병 생활 중에도, 남겨진 우리 4남매에게만은 육친으로서의 사랑을 아낌없이 쏟으셨다. 특히, 농사와 집안일에 쫓기던 며느리 대신, 막내 손녀인 나를 품에 안아 애지중지 키우신 것은, 천형과도 같은 병마도 막을 수 없었던, 어린 피붙이를 향한 가없는 사랑의 힘 때문이었으리라.

돌아보건대, 초등학교 시절 나에게 가장 큰 사건은 할아버지와의 이별이었다. 할아버지에게 나는 언제나 돌도 안 된 젖먹이 '아가'에 머물러 있었던 듯, 돌아가실 때까지 지극하고 자별한 사랑을 쏟으셨다. 나는 할아버지의 품안에 있으면 세상 무서울 게 없었고, 세상에서 제일 맡기 좋은 냄새는 쿰쿰한 할아버지 냄새였다. 그런 할아버지께서 돌아가신 일이야말로 나에게는 '천붕天崩'

이 아니었겠는가. 열 살배기가 어찌 '천붕'을 알았으랴마는, 상복도 입어 드리지 못하고, 마지막 절을 올리지도 못한 채, 그렇게 보내드리는 것은 손녀로서의 도리가 아니라는 것쯤은 어슴푸레 알 만한 나이였다. 지금도 할아버지를 생각하면 가슴 저 밑바닥에서부터 우리한 아픔이 밀려오는 까닭이다.

구원의 목욕탕

'신은 모든 곳에 있을 수 없기에 어머니를 만들었다.'
격언의 뒷이야기는 이렇게 이어진다.

그런데 어머니도 곧 신과 똑같은 처지가 되었다. 어머니가 신에게 빌었다. 자신을 쏙 빼닮은 대리자를 만들어 흩어진 자식들에게 보내 달라고. 어머니바보인 신이 받아들였다. 그렇게 하여 동네마다 생겨난 것이 대중목욕탕이다. 우리가 욕탕 안 따뜻한 물에 잠겨 있을 때, 어머니 자궁 속처럼 익숙한 태곳적 평화를 느낄 수 있는 것은 이러한 내력 때문이다.

대중목욕탕이 어머니의 대리자일 것이라는 나의 상상은, 실제로 세상 어딘가에 신화로 전해지고 있는지도 모를 일이다.

지난해 여름 97세 어머니가 돌아가셨다. 비교적 건강하게 사시다가 자식들의 배웅을 받으며 평온히 떠나신 탓일까, 오래전 아버지가 돌아가신 후, 이제 고애자孤哀子의 처지가 되었는데도, 슬픔이 감당하지 못할 정도는 아니었다. 그래서 비교적 차분한 마음으로 장례를 치를 수 있었다. 그런 내 모습이 한편으로 어머니에게 미안하기도 했으나, '나도 이제 자연의 섭리에 순응할 줄 아는 나이가 되었구나.' 하는 생각에 스스로 대견해지기도 했다.

잘못 짚은 것이었다. 얼마 후, 교통사고 후유증처럼 잠재되어 있던 감정들이 서서히 풀리기 시작했다. 천애의 외로움. 헛헛함과 막막함이 쓰나미처럼 밀려올 때마다, 가위에 눌린 듯 심신을 옴짝달싹할 수 없었다. 계절은 한여름인데, 해 저문 툰드라의 언덕에 홀로 버려진 듯, 마음속은 늘 춥고 어두웠다.

두문불출하던 날이 길게 이어지던 어느 날, 목욕탕 생각이 간절해지면서, 코로나바이러스의 위험을 감수하고라도 꼭 목욕탕에 다녀와야겠다는 생각이 들었다.

나는 몸이 찬 소음인 체질이라 사계절 내내 온천과 목욕탕을 즐겨 찾는다. 널찍한 탕 속에 세상 편한 자세로 몸을 맡기고 있으면, 온몸이 따스해지는 느낌만으로도 세상 부러운 것이 없다. 목욕탕은 글을 쓰다가 앞이 꽉 막혀 한 걸음도 나아가지 못할 때나,

삶의 난제에 부딪혔을 때 "유·레·카!"를 외칠 수 있는 장소이기도 하다. 또 미움과 원망으로 사납게 나부끼던 마음을 고요히 가라앉혀, 화해와 용서의 마음으로 이끄는 신통력도 지니고 있다. 조용한 시간대 동네 목욕탕은 속세로부터 밀폐 봉인된 나만의 케렌시아이자, 훌륭한 명상의 장소이다. 내게 목욕탕이 없는 삶이란 상상할 수 없다.

반년 만에 찾은 목욕탕 입구에서는 탕 안에서도 마스크를 꼭 써야 한다는 낯선 지침을 알려 주었다. 아무러면 어떠랴. 옷장 열쇠를 여는 마음이 몹시 설렜다. 하나씩 옷을 벗고 있을 때, 어디선가 어머니의 목소리가 들려오는 듯했다. "얘야, 옷만 말고 무겁고 힘든 것도 죄다 벗어라. 다 버려라. 다 비워라. 그러고 나서 나에게 들어와 푹 쉬어라!"

가슴이 두근거렸다. 나는 심호흡을 크게 한 번 한 후, 내 생명의 시원을 향해 천천히 걸음을 옮겼다. 아, 이 따스함, 이 아늑함! 왜 진작 고향에 돌아올 엄두를 내지 못했을까. 봄날 같은 나른함이 한꺼번에 몰려오며 나는 오랜만에 태곳적 평화에 그대로 잠겨 있었다.

어느 순간 어머니 얼굴이 머물렀다가 사라지고, 그 자리에 우아한 돌 조각상이 나를 내려다보며 미소 짓고 있었다. 찬찬히 살펴보니, 성북동 길상사의 관음상이었다. 처음 길상사를 찾았을 때,

뜻밖에도 성모상에 더 가까운 관음상의 모습이 매우 충격적이었다. 알고 보니, 법정 스님과 김수환 추기경님의 '사랑은 하나'라는 열린 마음이 실마리가 되어 만들어진 작품이었다. 소박한 차림새와 온화한 표정이 영락없는 우리네 어머니를 닮아 있었다. 시무외인(施無畏印 '아무 걱정하지 말라'는 뜻의 손 모양)을 한 오른손과 마치 아기를 안고 있듯 정병(淨甁 가장 깨끗한 물을 담는 병)을 품고 있는 모습은, 신자가 아닌 사람에게도 커다란 위안이 되었다. 사랑의 성모님과 자비의 관세음보살님이 모성으로 하나가 되어 구원의 메시지를 전하고 있는 아름다움은, 두고두고 감동으로 남아 있었다.

바로 그 관음상이 지금 내 앞에서 부드러운 미소로 말을 건넨다. "그동안 얼마나 힘들었니. 아무 걱정하지 말고, 예서 푹 쉬려무나." 그대로 그렇게 머물고만 싶었다.

목욕탕 출입을 다시 시작하면서부터 나는 차츰 심신의 안정을 되찾아가기 시작했다. 또 한 번의 성장통이 그렇게 지나가고 있었다. 아직 '엄마'로서도 미숙하기만 한 내게, 너무 크고 벅찬, '어머니'라는 숙명의 이름을 물려받기 위한 통과의례였으리라. 아픈 만큼 성숙해진다고 했던가. '영원히 여성적인 것이 우리를 구원한다.'라는 대문호의 말을, 나는 목욕탕에서 만난 세 분의 모성을 통해 비로소 이해하게 되었다.

희미한 불빛이 머무는 자리

나는 캄캄한 밤길을 걷는 법을 고3 때 배웠다.

엄마가 맨 나중에 낳아서 그랬을까? 끝물참외처럼 몸이 부실한 데다, 성격마저 소심하여 청심환 먹을 일이 잦았다. 해만 넘어가도 식구들을 몹시 성가시게 했을 정도로, 유달리 겁이 많은 아이였다. 그 때문에 가장 힘들었던 것은 위장병과 허약한 체질로 휴학 직전까지 갔던 고3 입시생 때였다.

내 고향은 청주 교외의 농촌으로, 버스정류장에서 신작로를 이십 분쯤 걸어 들어가는 용정마을이다. 큰언니와 오빠가 결혼하여 집을 떠나고, 작은언니마저 서울의 대학으로 진학한 후, 고향집에는 엄마와 나 단둘이만 살았다. 야간자습을 마친 뒤 막차를 타고 귀가해야 하는 입시생의 일과는, 병약했던 내게 고행과도 같았다. 버스에서 내려 후들거리는 다리로 면 소재지를 벗어나 인적이 끊긴 신작로를 걷기 시작할 즈음이면, 으레 어둠 저쪽에서 엄마의 헛기침 소리가 들려왔다. 사람이 크게 놀라면 만병을 얻는다고 믿었던 엄마는, 내 걱정에 농사일로 고단해진 몸으로 매일 밤 마중을 나왔다. 무거운 책가방을 엄마에게 건넨 후 투정 부리듯 학교에서 힘들었던 일들을 털어놓으면, 엄마는 쯧쯧 혀를 차며 긴 한숨을 내쉬곤 했다.

  그런데 혼자서 무서움을 참아가며 아랫동네인 바우배기를 지나고, 이랑 긴 밭 옆을 지나, 드디어 대봉산 코앞까지 왔는데도, 엄마의 헛기침 소리가 들리지 않는 날이 있었다. 제사나 집안에 어떤 사정이 있을 때였다. 그런 날은 혼자서 300미터쯤 되는 산 밑 으스스한 구간을 지나야 하는 일은 공포 그 자체였다. '대봉산'이라는 이름과 달리 야트막한 산이었지만, 그곳에만 이르면 산 위의 나무들이 시커먼 사람의 형상으로 다가왔고, 기분 나쁜 짐승 소리가 들리는 것만 같았다. 무엇보다 내 걸음 속도에 정확히 맞추어 집요하게 따라붙는 발소리에는 숨이 멎을 것만 같았다.

  언제부터였을까. 그곳에 이르기 훨씬 전부터 자꾸만 끄트머리집 쪽을 살피며 걷는 습관이 생겼다. 그 집에 불이 켜져 있는지 조금이라도 빨리 확인하고 싶어서였다. 그러나 전등 하나를 켜는 데에도 돈 걱정부터 해야 했던 시절, 끄트머리집의 불은 켜져 있는 날보다 꺼져 있는 날이 더 많았다. 비록 촉수 낮은 전등이지만, 어쩌다 그것이 켜져 있으면, 그것 하나만으로도 무서움이 누그러들었다. 캄캄한 어둠 속, 오직 희미한 전등빛에만 의지해 걸으면서, 그 집 앞을 다 지날 때까지 제발 불이 꺼지지 않기를 간절히 바라곤 했으나, 어떤 때는 금방, 또 어떤 때는 중간쯤 당도했을 때 꺼지기도 했다. 아, 그럴 때면 가슴이 내려앉으면서 또다시 무거운 암흑 속에 갇혀버리는 그 절망감이란…. 불이 끝까지 꺼지지 않는 날이면, 실제 그것이 내 앞을 환히 밝혀주는 것은 아니었지만, 등댓불처럼 그것이 거기 있다는 사실만으로도 든든한 위로가 되었다. 어디 그뿐이랴. 드디어 끄트머리집 앞을 지나면서 언덕배기의 살굿빛 창호지 문을 올려다보면, 마음씨 고운 그 집 아주머니가 고명딸을 위해 뜨개질을 하고 있을 것 같은 동화적 상상에, 가슴이 저절로 포근해졌다.

　오랜 세월 망각 속에 묻혀 있던 끄트머리집의 전등빛이 되살아난 것은, 얼마 전 생텍쥐페리의 소설 《야간 비행》을 펼쳐볼 때였다. 1920년대 한 조종사가, 온갖 악조건 속에서 목숨을 걸고 야간항로를 개척하는 이야기를 담고 있는 소설 속에 마음이 멈춰 서는 곳이 있었다.

　　조종사 파비앵이 야간우편수송기 안에서 지상을 내려다볼 때면, 마치 지상이 하늘이 되고, 하늘이 지상이 된 것 같은 착각에 빠지곤 한다. 숙명처럼 고독과 불안을 안고 암흑 속을 비행해야 하는 파비앵에게 지상에서 비치는 외딴 농가의 불빛이 별빛으로 다가온다. 식탁에 팔꿈치를 괴고 있는 농부는 호롱불이 그의 누추한 식탁만을 비춘다고 생각할 뿐, 그 불빛이 80㎞ 떨어진 곳에 있는 사람에게 위안과 감동으로 전해진다는 사실은 알지 못한다.

- 《야간 비행》

밤하늘을 비행하던 조종사 파비앵에게 가닿았던 농부의 호롱불빛이, 내 기억 속 끄트머리집의 희미한 전등빛과 포개졌다. 40여 년 전 밤길을 걷던 소녀에게 다가온 것도, 조종사의 시야 아래 반짝이던 것도, 결코 찬란한 불빛이 아니었다. 그저 거기에 있었고, 꺼지지 않았으며, 어디로 향하는지도 모른 채 고요히 가닿은 흐릿한 불빛이었다. 그렇듯, 한마디의 말이나 한 줄의 문장, 혹은 꺼지지 않는 마음 하나가 어둠 속의 외로운 영혼들에게 조용한 구원이 될 수 있다는 것을 나는 깨닫는다.

문학이란 아마 그런 순간을 위해 존재하는 것인지도 모른다. 누구의 주목도 받지 못한 채, 어둠 속에서 조심스레 건네지는 한 줄기 빛처럼, 이름 없는 상처들, 말해지지 않은 감정들, 중심에서 밀려난 존재들 곁에 그것은 조용히 머물러왔다. 혁명처럼 세상을 바꾸기보다, 상처받고 지친 영혼들 곁을 지키는 방식으로 관계를 맺는 일, 문학은 그리하여 말보다 깊은 언어가 된다.

끄트머리집의 전등빛처럼, 외딴 농가의 호롱불처럼, 언젠가 나의 수줍은 문장도 어둠 속 누군가에게 위안의 빛으로 가닿기를 바란다.

무녀리와 돼지엄마

왜 하필 돼지였을까. 혹시 내가 실수한 것은 아닐까. 자신이 정성스레 보내준 사진 속 금낭화가 꼭 돼지새끼 같다고 한 나의 메일을 받고 선배는 어떤 표정을 지었을까.

병적일 정도로 추위를 못 견뎌 하는 내게 겨울은 곧 공포다. 동장군에게 며칠째 가택연금을 당한 채 창문으로만 내다본 바깥세상은 온통 눈과 찬바람뿐이었다. 가끔, 봄이 영영 오지 않을 것만 같은 불안감과 두려움이 스치곤 했다. 모든 것이 꽁꽁 얼어붙어 있었다.

딩동! 휴대전화에서 새 메일의 도착 신호음이 들렸다. 야생화 전문가인 선배의 메일을 열자, 첫머리의 꽃 사진이 눈에 확 들어왔다. 예쁜 금낭화 열 송이가 줄기에 대롱대롱 매달려 있었다. 얼얼붙었던 가슴이 봄볕에 스르르 녹듯 풀어졌다. 며느리의 허리춤에 찬 비단 주머니 모양을 하고, 줄을 선 듯 매달려 있는 분홍빛 꽃들의 자태는, 내게 의외의 반가움과 신선함을 안겨주었다.

그런데 어인 일인가. 사진을 계속 들여다보고 있으려니, 꽃송이 하나하나가 꼼지락거리는 돼지새끼들로 보이기 시작했다. 어미젖을 물고 있는 생명들처럼 올망졸망 매달려 있어서였을까? 특히 활짝 피어 있는 아홉 송이와는 달리, 아직 피어나지 못한 열 번째 송이는 그해 겨울의 무녀리 돼지새끼와 똑 닮아 보였다. 덩치 큰 녀석들에 의해 제일 위쪽의 쭉정이 젖꼭지로 밀려난 무녀리처럼, 유난히 작고 여린 몸으로 맨 꼭대기에 매달려 있는 봉오리로 자꾸만 눈길이 갔다.

그해 겨울은 보기 드문 혹한이었다. 눈보라가 몰아치던 날, 꽁꽁 언 몸으로 학교에서 돌아오니, 엄마는 돼지가 곧 새끼를 낳으려 한다며 분주하게 해산 준비를 하고 있었다. 그래도 나는 돼지일보다 내 몸을 녹이는 것이 더 급했다. 책가방을 던져놓자마자 아랫목에 펴놓은 이불 속으로 들어갔다. 구들장의 따뜻한 온기가 온몸 구석구석으로 퍼져 나가며 정신이 몽롱해지는가 싶더니, 이내 혼곤한 잠에 빠져들었다.

"우익! 우익!" 이상한 소리에 놀라 벌떡 일어났다. 돼지새끼 소리였다. 갓 낳은 새끼들이 얼어 죽을까 봐, 엄마가 통구먹에 담아 방안으로 들여온 것이다. 커다란 퉁구먹 속에는 고물고물한 돼지 새끼들이 그득했다. 엄마는 나를 윗목으로 쫓아 올린 뒤, 퉁구먹을 조심스레 아랫목에 내려놓았다. 그러고는 빳빳하게 얼어 죽은 무녀리 한 마리를 품속에서 꺼내더니, 헌 옷으로 조심스레 감싼 후 따끈한 방바닥 위에 눕혀놓고는 자근자근 주무르기 시작했다. 소용없는 일처럼 보였지만, 나는 아무 말도 할 수가 없었다. 엄마의 표정과 행동이 무슨 의식이라도 행하는 양, 몹시 엄숙했기 때문이다. 졸지에 윗목으로 쫓겨나 그 광경을 바라보고 있자니, 내가 빼앗긴 것은 아랫목뿐만 아니었다. 엄마는 어느새 완전한 '돼지엄마'가 되어 있었다.

한참 만에 드디어 무녀리를 감싼 옷이 꿈틀거렸다. 무녀리가 깨어난 것이다. 그것은 죽었던 자식을 순전히 모성의 힘으로 부활시킨 기적과도 같은 일이었다. 그제야 '돼지엄마'의 얼굴에 희색이 돌았다. 안도감과 안쓰러움이 섞인 목소리로 엄마가 아기에게 말을 건넸다. "어구, 어구. 기절할 만큼 그렇게 추웠쪄? 어이구 딱해라!"

한밤중에 엄마가 나를 깨웠다. 엄마는 투덜대는 내게 손전등을 들려 앞세우더니, 퉁구먹을 들고 돼지우리로 향했다. 젖을 먹이러 가는 것이었다. 어미에게 정신없이 달려들어 젖꼭지 하나씩을 차지하고 힘차게 빨아대는 아홉 녀석과는 달리, 유독 한 녀석만이 비틀거리며 제자리를 찾지 못했다. 무녀리였다. 엄마가 다른 녀석들을 제치고 실한 젖꼭지에 무녀리의 입을 대주었다. 그러나 겨우 고무신만 한 그놈은 저보다 큰 녀석들에 의해 가슴께의 작은 젖꼭지로 밀려나 버렸다. 다시 옮겨다 놓아주면 밀려나고 또 밀려나고 하기를 반복하자, 엄마는 젖을 다 먹을 때까지 무녀리를 꼭 붙들고 있어야만 했다. 퉁구먹을 다시 들여다 놓고, 볼록 튀어나온 배를 씰룩거리며 무녀리가 잠이 들자, 엄마는 비로소 "휴!" 하고 안도의 숨을 내쉬었다.

 엄마는 돼지를 참 잘 키웠다. 자식을 키우듯 지극한 정성을 기울이는 것이 비법이었는지, 엄마의 돼지 기르는 솜씨는 언제나 성공적이었다. 어미의 젖꼭지 수보다 새끼의 수가 더 많아도, 새끼 중 미숙아가 섞여 있어도, 또 어미가 엄동설한이나 삼복더위에 해산하여도 문제가 없었다. 동네에서 엄마는 '돼지박사'로 통했다. 귀여운 새끼들이 엄마 뒤를 졸졸 따라다니는 것을 보고, 사람들은 복이 줄줄이 붙어 다닌다며 부러워하곤 했다. 특히 무녀리에게는 몇 곱절의 정성을 쏟는 까닭에, 젖을 뗄 때쯤이면 어떤 녀석이 무녀리인지 분간하기 어려울 정도로 모두가 튼실하게 자라, 사이좋게 뛰어놀곤 했다. 흐뭇하고 뿌듯한 정경이었다.

 내일은 입춘이건만, 동장군은 쉬이 물러갈 기미를 보이지 않는다. 오늘처럼 눈보라가 휘몰아치는 날엔, 얼어 죽어가던 돼지새끼와 가녀린 생명을 살려내려 밤을 지새우던 '돼지엄마'의 모습이 떠오른다. 금낭화의 열 번째 봉오리처럼, 구석으로 밀려난 세상의 '무녀리'들에게도 '돼지엄마'의 손길 같은 따뜻한 봄날은 언젠가 찾아올 수 있을까. 꽁꽁 얼어붙은 그들의 꿈과 웃음과 이야기가 아지랑이처럼 피어오를 그런 봄날이.

그 여름의 새끼줄

 어깨가 절로 흔들렸다. 고여 있던 서러움이 그예 넘쳐흐르고 말았다. 왜 들어가면 안 된다는 것일까. 먹구름이 빗방울을 쏟아붓기 시작했다.
 아까 친구네 집으로 달려왔을 때였다. 전에 없이 대문이 굳게 닫힌 채 솔가지와 숯덩이를 끼운 새끼줄이 걸려 있었다. 왠지 머뭇거려졌다. 대문 밖에서 친구를 부르자, 친구와 친구 할머니가 문을 빼죽 열고 얼굴을 내밀었다. "애기 낳은 집에는 들어오는 게 아녀." 타이르듯 말했지만, 할머니의 눈빛은 어서 돌아가라고 나를 떠밀고 있었다.
 "난 이제 울 애기랑 놀 거다." 입을 빼죽 내민 친구가 으스대며 할머니를 거들었다. 다시 문이 닫히고 신발 소리가 멀어져갔다.

서러움에 눈앞이 출렁거렸다.

　언니 오빠들이 모두 학교에 가고 나면 친구와 나는 늘 서로의 집을 제집처럼 드나들며 함께 놀곤 했다. 감꽃을 주우러 갈 때도, 엿장수 뒤를 따라다닐 때도, 소꿉놀이할 때도 늘 함께였다. 밖에서 놀다가 내가 응가하러 집에라도 갈라치면, 친구는 한 방울만 누고 얼른 와야 한다며 꼭 다짐을 받곤 했다. 그랬던 친구가 약속과는 달리 자기 엄마가 애기를 낳자 갑자기 변해 버린 것이다.

　언제부턴가 친구 엄마의 배가 점점 부풀어 올라 커다란 소쿠리만 해졌을 때였다. 친구는 자기 엄마가 곧 애기를 낳게 되면, 나한테만 보여주겠다고 했다. 신이 났다. 나도 이제 베개 대신 진짜 애기를 업어볼 수 있다니. 전보다 더 자주 친구의 손에 주전부리를 쥐여 주었다. 바람벽의 껌까지 떼어다 준 적도 있었다.

　천둥소리에 놀라 눈을 떴다. 등잔 밑에서 엄마가 새끼손으로 약숟가락 속을 젓고 있었다. 엄마는 어디서 그렇게 비를 흠뻑 맞고 놀았느냐며 몸이 불덩이 같다고 걱정했다. 여러 날을 앓고 일어났는데도 비는 계속 내리고 있었다. 심심했다. 잠시 비가 멎을 때마다 친구 집으로 달려가 보았다. 그러나 그때마다 대문은 굳게 닫혀 있었다. 친구는 애기랑 놀고 있는 걸까? 애기는 내 베개만 할까? 친구와 애기의 모습을 그려보았지만, 보이는 것은 숯과 솔가지를 끼워놓은 새끼줄뿐이었다.

아주 많은 밤을 자고 어느 날, 엄마와 동네 아주머니들이 친구네 집으로 갓난애기를 보러 간다고 했다. 엄마의 치맛자락을 단단히 쥐어 잡고 나도 따라나섰다. 친구가 들어오라고 할까? 친구네 집이 가까워질수록 가슴이 콩콩거렸다.

대문이 활짝 열려 있었다. 이제 새끼줄은 보이지 않았다. 마음이 놓였다. 친구가 나를 보자 싱긋 웃으며 방안으로 데려갔다. 아주 조그맣고 빨간 애기가 꼼지락거리며 하품을 하고 있었다. 친구가 말했다. "우리, 애기랑 같이 놀까?" 그동안의 서러움이 저만치 달아나고 있었다.

예닐곱 살 어린 소녀가 '금줄'의 의미를 제대로 이해하기까지는 그로부터 오랜 시간이 걸렸다. 친구 집 대문 앞에서 겪었던 단절의 충격과 그것을 범하면 부정을 타서 애기에게 안 좋은 일이 생긴다는 어른들의 말씀 때문에, 금줄을 보면 왠지 무섭고 겁이 났다. 내가 금줄 밖에서 외로움에 잠겨 있는 동안, 금줄 안에서는 고귀한 생명이 모든 잡귀로부터 안전하게 보호받으며 무럭무럭 자라고 있었음을 깨달았을 때, 비로소 친구 할머니의 서늘했던 눈빛과도 화해할 수가 있었다. 그러한 일들을 겪는 동안 나는, 범하지 말아야 할 금기의 의미와 공동체 생활에서 지켜야 할 규범을 자연스럽게 익히면서, 한 뼘씩 한 뼘씩 성장해 가고 있었으리라.

생각해 보면, 금줄은 단순히 출입을 막는 선이 아니었다. 그것은 생명과 세계 사이에 그어진, 가장 조심스러운 경계선이었다. 그 안에는 아직 세상에 완전히 속하지 않은 존재가 있었다. 그러므로 금줄은 경계가 아니라, 새 생명이 이 세계로 건너오기 전 머무는 여백이었다. 말없이 지켜주는 공동체의 침묵 속에서, 생명은 조용히 도착을 준비했다. 그것은 고귀한 생명을 위한, 가장 오래된 환대의 형식이었다.

우리는 종종 어떤 문턱 앞에서 주저하거나 물러난다. 그러나 그 문턱이 나를 거부하기 위해 세워졌다고만 생각한다면, 삶의 본래적인 질서를 놓치게 된다. 금줄은 말한다. 가장 소중한 것은 오히려 쉽게 내어주지 않는 것이라고. 진정한 환영은 기다림과 조심 속에 있으며, 가까워지고자 할수록 더 천천히 다가가야 한다고. 그 오래된 새끼줄은 경계를 긋는 대신 마음을 건네고 관계를 준비하던 지혜였다.

작품 세계

| 작품 세계 |

아름다운 세상을 위한 서정과 참여

金宇鐘
(덕성여대 명예교수 · 문학평론가)

1. 아름다운 세상을 위해서

문인은 때때로 연금술사가 된다. 철과 구리를 금으로 바꿔 놓듯이 어지러운 세상을 언어의 기교만으로 사랑과 평화의 아름다운 세상을 만든다면 연금술사다. 60년대 초의 순수 · 참여 논쟁 때 한 논객은 이런 말을 했다.

도스토옙스키의 모든 저서를 모아도 불쏘시개감은 될지언정

밥으로 둔갑하지는 않을 것이다.

BN -《우리문학의 논쟁사》 P.68

춥고 배고프면 책을 태워 몸을 녹일 수는 있지만, 밥이 되지는 않으니까 그의 말도 일리가 있다. 그러나 그 속의 문자를 읽게 되면 종이는 때때로 구원의 메시지가 되기도 한다.

수필은 70년대 초까지 대부분의 대학에서는 교과과정에도 없었지만, 낡은 형태를 깨고 인식을 바꾸면 위상이 달라진다. 수필은 상상적 이미지의 전개, 명석한 논리로 심화된 사고의 전개, 그리고 허구가 아닌 확고한 사실의 증언적 기록으로, 다른 어느 장르보다 현대 문명사회에서 기능의 효율성이 높아질 수 있다. 민아리는 우리 문단에서 그런 수필의 위상을 확실하게 보여주고 있는 대표적인 작가다.

민아리는 그런 의욕과 의지를 담뿍 지니며 이 세상을 아름답게 바꿔 나가려는 연금술사다. 물론 문학의 효과나 가치는 즉각적으로 눈에 보이거나 쉽게 측정할 수 있는 것이 아니다. 어떤 유명 시인이 대통령을 '처음으로/ 한강을 넓고 깊고 또 맑게 만드신 이여'라고 했듯이 성과가 보이면 좋겠는데(물론 그 시인의 말은 거짓말이지만), 문학은 그런 것이 아니다. 빅토르 위고의 〈레 미제라블〉에서처럼 도둑놈 장발장이 성자처럼 변신해 있어도 그것이 누구의 무엇 때문인지 확인하기는 어려운 경우와 같다. 그래도 우리는 그것을 믿어도 좋을 것이고, 믿어야 한다.

시침과 분침만 보면 시간이 가는지 알 수 없어도, 작은 초침은 확실히 째깍째깍 경쾌한 소리를 내며 시간이 가고 있다. 역사의 시곗바늘이 그렇다. 어제도 오늘도 똑같은 해가 뜨고 지지만, 그래도 역사는 바뀌고 문학도 그렇게 세상을 바꿔 오고 있다. 민아리는 그렇게 미래를 믿는 낙관주의적 수필가다.

서빙고동에 가면 길바닥에 기념 동판 하나가 박혀 있다. 생사람 잡던 곳임을 기억하라는 동판이다. 백발이 된 문인 한 사람이 거기 서 있는 사진이 있다. 그 문인은 과거에 거기서 죽다 살아난 사람이다. 그도 아름다운 세상을 만들려고 글을 쓴 사람이기 때문에 그 사진은 확실히 역사가 바뀐 것을 암시해 주는 사진이 된다.

2. 꽃밭으로 바꾸는 세상

한반도는 원래 금수강산이었다. 이것이 해방 후 더욱 더러워져서 남정현은 이를 분지糞地라고 했다.

민아리는 이 세상을 금수강산처럼 살기 좋은 곳으로 바꾸고 싶은 욕망과 의지를 창작의 모티프로 삼고 있다. 흙탕물이 고인 호수를 만난다면, 그는 호수를 연꽃밭으로 만들려는 사람이다. 그래서 그는 늘 흙탕물의 현장을 찾고 분지 같은 더러운 곳을 찾아가기 때문에 안방문학이나 신변잡기라는 오명도 자주 들어 온 수필들과는 전연 다르다.

교과서에서 지금까지 수십 년 가르쳐 오고 있는 피천득의 〈수필〉은 '청자연적이요 난이요 학이요 청초하고 몸맵시 날렵한 여인'이며 그 여인은 숲속으로 가는 평탄하고 조용한 길을 가고 있다. 민아리의 수필도 첫머리와 소재는 크게 다르지 않다. 조용한 일상사를 서정적 감각으로 그려 나가는 작품들은 이와 다르지 않다. 그렇지만 그것은 조용한 산책길이 아니고 때로는 매우 무서운 삶의 현장으로 진입한다. 허상이 아닌 진실을 쫓기 때문이다.

〈시시포스의 휘파람〉을 보자. 앞부분에서 김태원의 음악이 나온다. 〈사랑이란 이름을 더하여〉는 그의 자작곡이다.

　　삶이란 지평선은 끝이 보이는 듯해도, 가까이 가면 갈수록 끝
　이 없이 이어지고.

'서정적인 노랫말과 김태원 특유의 수려한 멜로디가 절묘하게 어우러져 감동과 여운이 마음 깊숙이 와닿는 노래다.'라고 민아리는 서두에서 말하고 있다. 독자에게 조용한 숲으로 유도하는 길

을 열어주는 장치다.

그다음에는 이 노래를 휘파람으로 들려준다. 어떤 이가 휘파람을 불며 즐겁게 일을 하고 있다. 서두 부분의 유혹 때문에 나는 잠시 읽기를 멈추고 휴대전화에서 김태원의 그 노래를 찾는다. 휘파람 다음에 노랫말이 나오는 합창단과 한 여자의 솔로를 들으며 나도 가사에서처럼 지난날의 긴 인생여정을 생각해 본다. 감미롭다. 이런 노래는 언제나 슬프면서 달콤하다. 민아리는 이 노래가 마음 깊숙이 스며들었다고 했다. 민 작가는 이렇게 서정적 감각이 민감하게 작동하면서 수필문학의 격조를 높인 다음 현실의 심각한 주제가 전개된다.

휘파람을 부는 남자는 우산을 무료로 고쳐 주고 자기가 만든 된장, 간장을 파는 사람이지만, 그 휘파람은 힘겨운 삶의 현장에서 들려오는 소리다. 인정이 메마른 각박한 현실을 스스로 휘파람 불고 봉사함으로써 이겨내는 역설적인 방법의 삶이다.

이는 별 헤는 마음으로 처절한 현실과 대응하다 떠나버린 윤동주 같고, 그리스 신화의 시시포스 같다.

별을 사랑하는 마음으로
모든 죽어가는 것을 사랑해야지

— 윤동주 〈서시〉

윤동주가 사랑하겠다는 '모든 죽어가는 것'은 생로병사의 죽음도 아니고 교통사고 죽음도 아니다. 그가 이 시를 쓰던 1941년 11월 20일은 하와이 진주만 기습의 아비규환이 있기 17일 전이다. 일본군 전투기와 전함의 엔진시동 소리를 듣고 있었나 보다.

윤동주는 이렇게 죽는 모든 것을 별을 노래하는 마음으로 사랑하겠다고 했다. 시시포스도 그렇다. 인간을 위해 신을 배반해서 벌을 받았다. 높은 산마루로 큰 바윗돌을 밀어 올리는 일을 영원히 해야 하는 형벌, 인간을 위한 일을 하지 않았더라도 그만인데, 굳이 하고 받는 벌이기 때문에 그것은 그가 즐겨 받는 벌이다.

우산 고치는 사람이 그런 사람이기 때문에 작자는 그것을 '시시포스의 휘파람'이라 했다. 시시포스의 이미지 하나로 그 사람의 아름다운 삶을 압축적으로 설명한 비유법이 매력적이다.

남정현은 이 나라를 똥구덩이라고 했으며, 민아리가 보고 말하는 세상은 때때로 그 이상으로 더럽고 참혹하다. 그런데 민아리는 이 세상을 아름다운 꽃밭으로 가꾸고 있다. 시시포스의 휘파람을 들려주고 있는 것이 그렇다. 〈곶감 위에 피는 꽃〉에서 곶감 같은 인물을 형상화하고 미화한 것도 그렇다. 머리가 곶감의 시설처럼 허옇게 연륜이 쌓일 때까지의 그의 삶은 그저 착한 시골 사람이다. 현대 도시생활에서 돈과 명예를 위해서 서로 등쳐먹고 사는데 길들여진 사람과는 전연 다른 이미지가 곶감이다. 거무튀

튀하고 매끄럽지 못하고. 그렇지만 맛있는 곶감. 누구에게도 해가 되지 않고 착하게만 살아온 그는 이 각박한 세상에서 그래도 이 땅이 더 살만한 가치가 있는 곳임을 말해준다는 의미에서 그는, 우리 세상의 그는 분지糞地에서 개똥참외보다 아름답게 피는 꽃이다.

〈수박 함지 밑의 목화송이〉도 그렇다. 함지 속에 수박 네 덩이를 담아 이고 똬리도 없이 먼 길을 걸어서 민 작가네 집을 찾아오는 아주머니는 참 우스운 형상이다. 함지 속에서 수박덩이가 구르기 때문에 몸이 비틀거릴 뿐만 아니라 원래 그렇게 불편한 몸이다. 그렇게 그려진 그녀의 모습은 그렇게 뒤뚱뒤뚱 많은 어려움의 연속이다. 그런데도 그녀는 아주 호탕하게 웃음을 잃지 않는다. 러시아의 푸시킨은 이 여인을 보고 그 시를 썼음에 틀림없다. '삶이 그대를 속일지라도 슬퍼하거나 노여워하지 말라'라고 했듯이 그녀는 그처럼 위태롭게 뒤뚱거리며 살아오면서도 슬퍼하지 않고 노여워하지 않고 늘 함지박처럼 크게 웃는다. 이 세상에 대한 그 너그러움과 용기가 이 세상에 삶의 의미를 주고 지혜를 전해주는 꽃이다.

작가는 제정 러시아 때 푸시킨의 경우와도 비슷하다. 고요하고 평탄한 길을 가고, 청자연적이요 난이요 학처럼 맑은 세상이 아닌 험한 세상을 바라보면서, 이런 아름다운 삶의 길을 가리키고 있다.

3. 사랑과 '무관심'이라는 폭력

우리 인류의 가장 큰 과제는 폭력으로부터의 해방이다. 그리고 사랑으로 평화를 성취하는 것이다. 이를 위해서 문학은 진·선·미眞·善·美 세 가지가 융합한 결정체가 되어야 한다. 그런데 진실과 선을 배반하면서 말장난의 기교만으로 문학을 하는 경우가 많다.

> 눈 내려 어두워서 길을 잃었네/ 갈 길은 멀고 길을 잃었네
> — 정호승 〈맹인 부부 가수〉

광화문 네거리에서 늦은 밤까지 함박눈을 맞으며 노래 부르던 맹인 가수 부부는 누구의 기억에나 남는 것은 아닐 것이다. 누구에게나 남의 신음소리를 듣는 귀가 있는 것은 아니기 때문이다. 그렇지만 그 눈과 귀가 없이 함박눈의 환상적인 미에만 도취하는 문학은 문학이 아니다. 그것도 보고 말하며 진과 선이 융합된 설경이 가장 아름다운 문학이다.

민아리는 '무관심은 가장 잔인한 폭력이다'라고 말한다. 〈풍장〉

에서 결론적으로 말하는 것이 이 선언이다.

작가는 두 가지의 장례를 예리하게 비교하고 있다. 이것은 문학의 진眞이다. 진실을 말하는 현장의 하나는 할머니의 풍장風葬이다. 살과 피가 다 말라가는 형상으로 길바닥에 앉아서 채소 소쿠리를 놓고 팔고 있다가 소리 없이 사라져서 '풍장'이라 했다. 또 하나는 어느 화가의 장례식이다. 800여 명의 장례위원단이 꾸려지고, 유명인들이 화환을 바치며 TV로 온 세상에 알려진 화려한 장례식. 이것은 고인과 주변인들이 암으로 죽기 전부터 준비해 온 것이다.

민 작가는 할머니의 죽음이 어디선가 본 듯한 풍장이라고 생각한다. 죽은 자를 꾸들꾸들 말려가며 바람으로 날려 보내는 풍장, 그것을 어느 시 속에서 보았던 것이다.

'바람 이불처럼 덮고 ……마지막 몸의 피가 마를 때까지……바람 속에서 놀게 해다오'

이렇게 시 속에서 말하는 화자도 풍장을 하는 것이니까, 작가는 할머니의 죽음에서 시 속의 화자를 상기한 것이다. 바람으로 온 몸이 꾸들꾸들 말라가며 곧 이 세상을 떠날 듯하던 할머니. 그녀는 작가가 우려했던 대로 열흘쯤 뒤에 바람에 날려 갔다.

물론 할머니의 '풍장'이나 시 속의 화자가 말하는 '풍장'은 같은 언어지만, 시 속의 그 단어와 길바닥 현장 환경 조건에서 말하게 되는 그 언어는 소쉬르가 말하는 랑그(langue)와 파롤(parole)처럼 다르다. 꾸들꾸들 살과 피가 말라가며 거의 죽어가는 할머니는 산채로 버려지고, 도시 길바닥에서 풍장을 치른 것이다. 천만 서울 시민 중 만분의 1만 그 길가를 지나갔다 해도 천 명인데, 할머니의 죽음을 기억하는 사람은 거의 아무도 없다. 시인이 이렇게 풍장을 유언으로 남겨서 실제로 풍장을 해도 할머니의 풍장과는 다르게 될 것이다. 매스컴으로 전국에 알려질 테니까 고독한 죽음이 될 수 없다. 또 화려했던 화가의 경우까지 상기하게 되어서 작가의 의도와는 달리 의미가 달라진다. 이 시인의 집에는 50호 아니면 100호 정도의 김환기 그림이 있었다. 부친의 것이었겠지만, 800여 명 장례위원의 장례식장도 출세한 화가의 자리였기 때문에 함께 오버랩 되면 같은 언어라도 의미가 달라진다.

작가는 할머니 풍장이 지닌 고독한 소외자의 의미를 극대화하기 위해서 또 하나의 장면을 잊지 않았다. 손수레가 그것이다. '할머니와 함께 차가운 비바람과 따가운 햇볕을 고스란히 견디어 왔을, 거동도 할 수 없을 만큼 늙어버린 손수레가 홀로 주인의 빈소를 지키고 있는 듯한 모습엔 외로움이 짙게 배어 있었다.'

할머니의 고독과 슬픔과 통증은 그녀가 앉아 있던 자리에 남아 있던 빈 손수레의 이미지가 설명해 준다. 가스통 바슐라르의 이론에 따르면 할머니가 앉아 있던 자리의 손수레가 바로 할머니의 인생을 말해주는 원관념으로서, 그 이미지가 의미를 전달할 때의 감동이 곧 아름다움이라는 것이다. 은유법이 지닌 문학성을 말한 것인데 실제로 그 손수레를 보면 할머니의 모든 슬픔이 그것으로 설명되며 독자들의 감성적인 폐부를 찌를 것이다.
 그리고 800여 명의 장례위원단이 동원된 장례식에 대해서는 이렇게 말한다.

>유명인사와 할머니의 죽음. 두 죽음의 차이만큼 그들의 생명의 가치에도 커다란 차이가 있는 것일까. 우리의 눈은 언제부턴가 크고 빛나는 것만 바라보느라 작고 초라한 것은 아예 볼 수 없도록 퇴화해 버린 것인지도 모르겠다. 그리하여 '보이지 않는 것'은 곧 '없는 것'이라는 무지를 안고 살아가는 것인지도. 지금 이 순간에도 가장 잔인한 폭력이라는 '무관심'의 산야에 '보이지 않는 사람들'을 버려둔 채 풍장을 치르고 있는 '장례위원들', 그들은 과연 누구인가.

 작가는 떠나버린 두 사람을 비교하며 '생명의 가치'까지 묻고 있다. 생명의 존엄성은 누구나 평등하다. 살아서는 불평등을 인정해서 천황폐하 한 사람을 위해 1억 국민이 죽으라고까지 했지만, 죽은 자는 꼭 같이 썩어지는 살덩이라는 것을 부정할 수 없다. 그런 의미에서 작가는 사회적 정의를 부르짖으며 할머니는 누구도 기억하지 않고 유명 화가의 장례식에 장례위원만도 천 명 가깝게 모이는 너희들은 과연 누구냐고 질타하고 있다. 이것은 가난하고 뒤처지고 홀로 외로운 소외자에 대한 사랑으로, 작가는 이 무관심에 분노하고 있다. 그래서 '무관심은 가장 잔인한 폭력이다'라고 외치는 이 수필은 안방 수필의 개념을 완전히 깨부수는 통쾌감이 있다.

4. 집단 폭력에 대한 분노

〈풍장〉에서 무관심이라는 이름의 폭력을 말한 민아리는 이보다 더 보편적인 의미의 잔인한 집단적 폭력을 다음과 같이 말하고 있다.

'베트남의 퐁니 · 퐁넛, 하미마을은 한국 현대사의 4 · 3사건과 5 · 18을 떠올리게 한다. 한국군에 의한 민간인 학살지이기 때문이다. 그곳에서는 아직도 생존 피해자들과 그 가족들이 한국의 진정한 사죄를 기다리며 끝나지 않은 전쟁을 치르고 있다. '난징대학살'을 연상시키는 또 하나의 학살 현장이며, 우리가 외면할 수 없는 우리 현대사의 어두운 한 장면이다.'

- 〈침묵의 윤리〉

4·3이나 5·18은 우리가 우리 땅에서 우리에게 저지른 폭력이고, 난징대학살은 일본이 중국에, 그리고 퐁니·퐁녓 하미마을은 우리가 베트남인에게 저지른 폭력이다. 이런 얘기를 쓰는 수필은 '생각나는 대로 형식 없이 써나가는 산문의 하나'처럼 보이기도 한다. 그렇지만 이런 소재야말로 생각나는 대로 쓸 수 없다. 자칫 지옥으로 가는 길이기 때문이다.

〈명지휘자를 기다리며〉에서 말한 피천득과 김태길의 경우도 생각나는 대로 쓰기를 매우 삼가는 수필가임을 상기시킨다. 피천득은 일제 강점기를 젖은 솔가지만 태우듯이 지냈다고 내게 말한 일이 있고, 다른 이들에게도 비슷하게 말했다. 화가 나도 마른 솔가지처럼 불을 확 지르지 못하고 매운 연기로 속만 태웠다는 것. 그것이 플루트 연주론으로 나타난다. 오케스트라 집단 속에서 가만히 기다리다가 자기 차례 때 혼자서만 불듯이 전체 속에서 자기 역할만 잘해도 되지 않겠느냐는 것은 생각나는 대로라는 표현의 자유를 스스로 용납하지 않았고, 그렇게 살 수밖에 없었다는 뜻이다.

그래서 〈침묵의 윤리〉는 함부로 쓴 글이 아니다. 우리 문학은 대개 이 소재에 접근하지 않는다. 무조건적 인권 사각지대의 악몽이 아직 사라지지 않고 있기 때문이다. 그런데 이 수필에서는 베트남에서 우리가 저지른 학살사건을 말하고, 영국의 시민단체

'라이따이한을 위한 정의(Justice for Lai Dai Han)'가 세운 모자상 '라이따이한 동상'을 상기시키고 있다. 동상의 모녀는 한국군이나 한국노무자가 버리고 떠난 그의 자식과 그 엄마다. 그리고 이 가해자들은 모두 한국인이며 지금 함께 우리 곁에 있다. 작가는 이 사건들을 언급하면서 우리가 과연 일본의 난징대학살만을 떳떳하게 비판할 수 있느냐고 우리의 급소를 찌르고 비판한다. 그리고 남정현의 〈분지〉에서처럼 미국인의 성폭력을 비판할 수 있느냐고 묻는 셈이다.

인류의 가장 큰 과제는 폭력으로 인한 평화의 파괴다. 그리고 그 폭력 안에는 우리 자신이 있다는 점을, 민아리의 수필은 일깨운다. 그녀는 허구적인 가면으로 감춰진 우리의 진실을 밝혀내고, 그 현장에서 우리의 양심을 불러낸다. 이러한 문제의식을 세련된 작법으로 완성시켜 나감으로써, 이 수필은 진·선·미가 함께 융합된 수작의 호소력을 지닌다.

5. 저 먼 곳의 사랑

'밤하늘을 비행하던 조종사 파비앵에게 가닿았던 농부의 호롱불빛이, 내 기억 속 끄트머리집의 희미한 전등빛과 포개졌다. 40여 년 전 밤길을 걷던 소녀에게 다가온 것도, 조종사의 시야 아래 반짝이던 것도, 결코 찬란한 불빛이 아니었다. 그저 거기에 있었고, 꺼지지 않았으며, 어디로 향하는지도 모른 채 고요히 가닿은 흐릿한 불빛이었다. 그렇듯, 한마디의 말이나 한 줄의 문장, 혹은 꺼지지 않는 마음 하나가 어둠 속의 외로운 영혼들에게 조용한 구원이 될 수 있다는 것을 나는 깨닫는다.

 문학이란 아마 그런 순간을 위해 존재하는 것인지도 모른다. 누구의 주목도 받지 못한 채, 어둠 속에서 조심스레 건네지는 한 줄기 빛처럼, 이름 없는 상처들, 말해지지 않은 감정들, 중심에서 밀려난 존재들 곁에 그것은 조용히 머물러왔다. 혁명적으로 세상을 바꾸기보다, 상처받고 지친 영혼들 곁을 지키는 방식으로 관계를 맺는 일, 문학은 그리하여 말보다 깊은 언어가 된다.'

- 〈희미한 불빛이 머무는 자리〉

 민아리는 세상을 바꾸겠다는 강한 욕망과 의지를 지닌 연금술사다. 아름다운 금수강산을 만들기 위해 어느 화가의 장례식장을 바라보며 800여 명의 장례위원들에게 혼자 꾸들꾸들 말라가며 죽은 할머니를 기억시키며 사랑이 소멸된 냉혹한 현실을 고발한다. 그리고 우리는 왜 그렇게 남을 많이 죽이고 우리 동족을 죽이는 야만의 역사를 저질러 놓고도 자신을 모르느냐고 캐묻는다.

이런 문학을 하면서 민아리 자신의 문학은 어떤 의미로 존재하는가를 〈희미한 불빛이 머무는 자리〉에서 묻기도 한다. 그것은 생텍쥐페리의 〈야간비행〉을 읽으며 하는 말이다.

생텍쥐페리는 자신의 〈야간비행〉에서처럼, 2차 세계대전 때 항공정찰 임무 중 어디론가 사라졌다. 그렇게 죽기 전에 80킬로 먼 곳의 불빛 이야기를 한다.

> 숙명처럼 고독과 불안을 안고 암흑 속을 비행해야 하는 파비앵에게 지상에서 비치는 외딴 농가의 불빛이 별빛으로 다가온다. 식탁에 팔꿈치를 괴고 있는 농부는 호롱불이 그의 누추한 식탁만을 비춘다고 생각할 뿐, 그 불빛이 80km 떨어진 곳에 있는 사람에게 위안과 감동으로 전해진다는 사실은 알지 못한다.
> 　　　　　　　　　　　　　　　　　　－《야간 비행》

민아리는 '희미한 불빛'의 의미를 이렇게 말한다. 농부는 그 호롱불이 겨우 자기가 앉아 있는 누추한 식탁만 비춘다고 생각하지만, 그것은 캄캄한 밤하늘을 혼자 날아가고 있는 파비앵에게 큰 위안이 되고 감동을 주고 있듯이, 문학도 그런 것이고, 그것이 문인으로 존재하는 이유임을 암시하고 있다.

사실로 책상에 앉아서 형광등을 켜놓고 컴퓨터를 두드리는 문인으로서의 존재는 몇백 리 밖의 희미한 불빛 같다고 느낄 때가 있을 것이다. 불러도 대답 없는 글을 쓴다고 생각하면 그렇다. 윤동주의 〈산울림〉속 까치가 그렇다. 깊은 산 속에서 저 혼자만 울고 저 혼자만 산울림이 되어 돌아오는 소리를 듣는다는 까치의 고독. 그렇지만 80킬로 밖의 어느 농가의 희미한 불빛이, 밤하늘을 날아가는 파비앵에게는 의미 있는 불빛이듯이 문인들은 독자의 소리를 듣지는 못한다. 그러나 유서를 써놓고 먼 길 떠나려고 준비하던 누군가는 그 글을 읽고 생각을 바꿀지도 모른다는 것이, 문인으로 산다는 것의 존재 이유가 될 수 있다. 그것은 참으로 아름다운 삶이다.

6. 사회적 약자에 대한 사랑

아름다운 세상을 지키고 오염된 세상을 정화하고 바꿔나가야 된다는 양심의 소리는 도처에서 나타난다. 코로나를 처음으로 세상에 알리며 세상을 구하려다가 당국으로부터 입을 다물도록 경고장을 받은 후 죽은 중국의 리원량李元亮 의사를 보며 학대받는 양심 때문에 분노하고 강자에게 분노한다.
〈마지막 수업은 감동적인가〉에서 강대국의 작가 알퐁스 도데가 그동안 지배당하던 약자에게 오히려 언어를 빼앗긴 피해자인 양

진실을 속인 사태에 대해서도 마찬가지다. 이렇게 진실을 밝히기 위해서 작가는 남달리 넓은 지식과 비평적 감각을 지닌 수필가가 되고 있다.

〈지워진 이름, 다산의 소실을 위하여〉에서도 그렇다. 이것은 다산의 배수첩配囚妾의 입장에서 그녀의 슬픈 처지를 말하고, 그것이 강자에 의한 것이라는 계급사회에 대한 비판의식을 나타내고 있다.

18년간 유배가 끝나고 귀향할 때 데리고 온 소실 모녀를 다산이 본처의 뜻에 따라 되돌려 보냈다는 사실과 그럴 수밖에 없었던 다산의 고뇌를 상기시킨 것은 사회적 모순에 대한 비판이며, 그 약자에 대한 사랑이다.

그런데 다산과 소실 모녀의 관계는 양반 특권층과 하층민 관계지만, 다산이 형과 함께 유배되고 정약종은 사형되며 온 집안이 풍비박산의 지경이 된 것은, 다산 역시 정치사회구조 속의 약자가 된다. 그리고 그가 여명기의 불을 밝히고 있던 지식인이란 점에서는 선구적 지식인의 희생을 의미한다. 민 작가는 다산을 박제된 위인상으로만 보지 말고, 그 배수첩을 만난 후부터 그 많은 업적을 낸 사실을 상기시키며, 그녀의 존재를 바르게 평가하자고 주장하고 있다. 좋은 세상을 위한 사회참여로서의 수필의 기능을 확실하게 보여 주는 작품이다.

7. 이미지의 창작기법

이 작품들은 상상력에 의해서 이미지를 잘 그려나가며 관념을 형상화한다.

〈명지휘자를 기다리며〉의 끝에는 5월 1일이라고 탈고한 날짜를 적고 그 시기를 '금방 찬물로 세수를 한 스물한 살 청신한 얼굴'에 비유하고 있다. 남들도 이런 비유를 썼는지 모르지만 적절한 비유다.

이 작가는 5월에 수필을 쓰며 5월의 푸르름이 스물한 살 누군가의 물 뚝뚝 흐르는 얼굴에 비유하고, 5월에 태어나고 5월에 죽은 피천득을 연상하고, 이것을 5월의 장미선거까지 이어 나간다. 딱딱한 논리보다 먼저 상상의 전개로 자유롭게 훨훨 날아가는 기법이다.

독일문학은 좀 다르지만, 문학은 철학이나 학술논문과 달리 상상의 세계로서 자유롭게 문장을 전개시켜나가는 특성 때문에, 부드럽지만 그것이 자칫 논리성을 잃으면 탈선이 된다. 그런데 이렇게 빠르게 상상의 열차가 달리면서도 매우 논리적이다. 애초부터 의도적인 상상의 전개이기 때문이다. 그래서 쉽게 써지는 수필 작법이 아니다.

결론을 보면 애초부터 이 상상의 궤도는 명확한 목적지가 예정

되어 있었음을 알 수 있다. 그해 5월에 있을 대선을 말하기 위해서였다. 5월은 장미의 계절이기 때문에 '장미대선'이라고도 했다.

그리고 피천득과 김태길의 수필과 함께 충담의 향가 〈안민가〉로 이어지고, 다시 공자의 정명론에서 맹자의 혁명론으로 이어지고, 다시 유럽의 존 로크의 저항권과 함께 프랑스의 대혁명과 미국의 독립운동까지 나간다. 참으로 많은 정거장을 쌩쌩 달리는 열차인데 빈틈없는 논리의 전개이며 탈선이 없다.

연상작용에 의한 이어달리기의 말장난도 이렇게 된다. '기차는 빨라, 빠르면 비행기, 비행기는 높아, 높으면 백두산' 그다음에는 '백두산 뻗어내려 반도 삼천리'로 합창이 이어진다. 그런데 이것은 앞의 수필과 전연 다르다. 기차가 백두산까지 올라갔으니, 엄청 큰 논리의 이탈이다.

이와 달리 민 작가의 상상 전개와 그 논리적 정확성은 다음과 같은 딱딱한 경고를 엄숙하게 받아들이게 하는 설득력을 지닌다.

안팎이 '하 수상한 시절'이다. 밖으로는 우리의 운명을 두고 다른 이들이 흥정을 벌이고 있고, 안으로는 선장 없는 배가 만가지 목소리를 싣고 방향을 잃은 채 표류하고 있다. 아름다운 계절, 아름다운 이름으로 치러지는 선거를 통해 '플루트 연주자'나 '안민가' 속에서 염원하는 지도자가 탄생하는 장밋빛 꿈을

꾸어 본다.

－〈명지휘자를 기다리며〉

　이것은 박근혜 대통령 탄핵 두 달 후 5월의 대선을 앞두고 작자가 한 말이다. 맹자에 이어서 국민의 저항권을 주장한 영국의 존 로크까지 나가고, 외세의 간섭까지 상기시키면서 국민에게 바른 선택을 말한 과정이 명석한 논리로 설득력을 지닌다.
　훌륭한 문학적 상상력과 넓은 지식과 명석한 논리로 현실에 참여한 수필이다. 문학으로 좋은 세상을 만들겠다는 그의 열망이, 드물지만 마침내 정치적 담론으로까지 발전하면서 문학성을 훌륭히 살려 나간 예이다.
　문인은 언어 예술의 남다른 재능을 타고난 사람이다. 그 재능은 흙탕물 호수를 연꽃밭으로 만드는 재능이다. 분지처럼 오염된 땅을 옛날의 금수강산으로 되돌려 놓을 수도 있다. 민아리는 타고난 문학적 재능으로 확실하게 좋은 세상을 만들 수 있다는 욕구와 의지의 작가이다.
　연꽃은 흙탕물 호수를 정화시키며 아름답게 핀다. '미나리'도 비닐하우스의 수돗물보다 흙탕물 냇가에서 해동기에 찬바람 맞으며 자라서 더 싱그럽고 향기롭다. 민아리의 수필은 그래서 더 향기롭고 싱그러운 봄 '미나리'이며 흙탕물 호수에서 맑게 피는 연꽃이다. 문학이란 무엇이며 특히 일제강점기나 해방 후부터 더욱 도도하게 흐르는 역사의 흙탕물 속에서 우리 문인은 무엇을 해야 하는지 엄중하게 묻는다면, 민아리의 문학에서 그 답을 찾아도 좋을 것이다.

2025년 6월 상도동에서

민아리 수필집

희미한 불빛이 머무는 자리

인쇄 2025년 9월 08일
발행 2025년 9월 15일

지은이 민아리
발행인 서정환
펴낸곳 수필과비평사
주소 서울특별시 종로구 삼일대로32길 36(운현신화타워) 305호
전화 (02) 3675-3885 (063) 275-4000
팩스 (063) 274-3131
이메일 essay321@hanmail.net sina321@hanmail.net
출판등록 제300-2013-133호
인쇄 · 제본 신아문예사

저작권자 ⓒ 2025, 민아리
이 책의 저작권은 저자에게 있습니다. 서면에 의한 저자의 허락없이
내용의 일부를 인용하거나 발췌하는 것을 금합니다.
COPYRIGHT ⓒ 2025, by Min Ari
All rights reserved including the right of reproduction in whole or in part in any form.
잘못된 책은 바꿔 드립니다.

ISBN 979-11-5933-605-8 03810
값 15,000원

Printed in KOREA